元・外資系人事部長が見た

要領よく出世する人

Murakami Noriatsu
村上賀厚

東洋経済新報社

ようりょう【要領】物事をうまく処理する手順やこつ。

―がいい　物事の処理や立ち回りがうまい。「仕事の―」「―だけの男」

『広辞苑　第六版』（新村出編、岩波書店）より

はじめに

要領のいい人が出世するのは当然

「結局、要領のいいヤツが出世するんだよな……」

出世したライバルへの文句をひとしきりまくしたてた後、皮肉な笑みを浮かべてそうつぶやき、日本酒をチビリと舐める——日本中の居酒屋で繰り広げられていそうな光景です。私も何度となく、そういった光景を目にしてきました。

もちろん愚痴の類でしょうし、私もいい大人ですから、その場でそれを否定するようなことを言ったりはしません。ですが、そういった愚痴を聞くといつも、頭の中に1つの思いが湧いてくるのです。

「要領のいい人が出世するのは、当たり前なのにな……」

私は社会人になって以来、一貫して人事畑を歩いてきました。最初は日本企業で経験を積み、その後は**フォード**、**ロイター**、**GE**、**モンサント**といった世界に名だたる大企業で、人事の責任者として働いてきました。そのため、**大小さまざまな日系、外資系企業の中で、どんな人が出世するのかを、つぶさに見ることができた**のです。

日系企業と外資系企業では、社風や制度など、違うところも多いのですが、共通点ももちろんあります。その共通点の最たるものが、まさに**「要領のいい人が出世する」**ということ。こればかりは、**いつの時代の、どこの国の、どんな企業でも変わらない「現実」なのではないか**とすら思います。

「要領がいい」を『広辞苑』で調べてみると、**「物事の処理や立ち回りがうまい」**とあります。これは、管理職（＝出世した人）が、もっとも身につけておかなければならない能力に他なりません。

たとえば、あなたが経営者だったとしましょう。大口顧客の要望を適切に**処理**し、社内外で**うまく立ち回って**利害の調整ができる人とできない人、どちらを出世させたいと思いますか？

今度は逆に、あなたが部下だったと考えてください。関連部署の間で**うまく立ち回り**、さまざまな利害関係を**処理**して、あなたが出したアイデアや提案を実現してくれる上司とそうでない上司、どちらの下で働きたいですか？

答えは、明らかなはずです。

このように、**「要領がいい」ことは、出世するために絶対必要な能力**です。本書では、長い人事畑人生で私がこの目で見た、**「要領よく出世する人」の思考と習慣**をあますところなく紹介していきます。もしもあなたが会社で出世していきたいと考えているなら、必ずや大いにお役に立てると思います。

「要領のいい人」は幸せに働いている

私が「要領よく出世する人」を紹介しようと考えたのは、それが出世に必要だから、というだけの理由ではありません。それよりももっと大切な理由は、**「要領よく出世する人」**

は、「要領の悪い人」と比べて、圧倒的に幸せに働いているからです。

日本は、GDPでは世界第3位ですが、国連の「幸福度調査」では、なんと43位。日本のサラリーマンの多くは、どうやら「幸せ」とは言えない働き方をしているようです。

その一方で、会社での仕事に満足し、楽しみ、出世している人も多くいます。そういう人にかぎって、プライベートでの生活も非常に充実しています。

この違いはどこからくるのでしょうか？　それこそが、**「要領よく仕事と付き合えているかどうか」**なのです。

物事を上手に処理し、関係者の間でうまく立ち回れるということは、**働き方の「費用対効果」が高い**ということです。短時間で高い成果を出せるため、結果として仕事を楽しむことができるし、プライベートも充実する、というわけです。

これを逆に考えると、**もしあなたが今、「仕事が楽しくない」「プライベートが充実していない」と感じているなら、きっとあなたは「要領の悪い」働き方をしている**ことになります。本書で紹介する「要領よく出世する人」の思考と習慣を、ぜひ習得してください。

本書の構成

第1章では、**外資系企業というやや特殊な世界で要領よく出世するための「8つの秘訣」**を紹介します。外資系企業では、日本企業と比べて「要領がいい」ことへの悪印象が少ないため、多くの人が実に要領よく働いています。彼らに学ぶべきことを、凝縮しました。

第2章では、**要領よく出世する人たちが普段から心掛けている「20の習慣」**を紹介します。要領よく働くためには、企業という「生き物」の本質を、しっかりと理解する必要があります。その理解のために必要な習慣を説明します。

第3章では、企業という「生き物」を理解した上で、**そこで要領よく仕事をするにはどのようなスタンスで臨めばいいのか、会社をどのように見る必要があるのかという、「15の考え方」**を説明しています。第2章で説明する「20の習慣」を活かして仕事に取り組み、要領よく出世していくために必要となる考え方です。

そして最後の第4章では、**要領よく仕事をするために、普段どんな準備をすればいいのか**を書きました。第1章から第3章までの内容を踏まえて仕事に取り組もうとすると、これまでとは少し違うことをしなければならないため、ある種の勇気が必要になります。第

4章では、その勇気をもつために日常からやるべきことを紹介しています。

ビジネスは遅咲きの世界です。スポーツでは、オリンピックやプロで活躍している年齢を見ると、水泳やフィギュアスケートは20歳前後、サッカーは20代が中心です。ゴルフは選手生命が長いですが、それでも20代から40歳くらいでしょう。一方、**ビジネスでリーダーシップを発揮する管理職となると、いくつになっても、むしろ経験が長いほどその能力が高まる**わけで、それこそ健康に気をつければ引退するまで、成長のチャンスがあります。この長い職業人生を、幸せで実りあるものにするための糧となれば、望外の喜びです。

なお、本書では、**私が実際に見てきた「要領よく出世する人」の実例**を数多く紹介していますす。プライバシー保護の観点から内容を変えているところもありますが、**その思考と習慣の「本質」には影響ありません**。大いに参考にしていただければ幸いです。

2015年2月

村上　賀厚

目次

元・外資系人事部長が見た要領よく出世する人

［第2章］要領よく出世する人が密かにやっている「20の習慣」

[第3章]

要領よく出世する人が大切にしている「15の考え方」

139

第4章 要領よく出世する人がプライベートで守っている「4つの教え」 201

［第1章］

日本人は知らない、外資系で要領よく出世する人の8つの秘訣

8つの秘訣
1

成果を上司に与えている

会社でよく聞く話に「うちの上司は手柄を独り占めにしようとする。部下がお膳立てして成果を出したのに、手柄を全部上司がもっていくし、1人で仕事をしたような顔をしている」というものがあります。たとえば、役員などの上層部に対するプレゼンテーションで、資料作成は部下である自分たちがやっているのに、上司はプレゼンテーションだけやって上層部に評価されているとか、部下にプレゼンテーションさせて質問まで受けさせておきながら「自分が指示してこのプレゼンテーションを作らせた」みたいなことを言って、**上層部からの評価を独り占めしようとしている**といった類のものです。

私の見るかぎり、**要領よく出世する人は、こういった文句は決して言いません。**

家電メーカーの部門企画室で**「部下が上司のために働くのは当たり前。成果はどんどん上司に与える」**と粉骨砕身している人がいました。プレゼンテーション資料などは最高のものを目指して作るのですが、その前に上司とは侃々諤々と議論した上で、ドラフトから中間修正、そして最終案とまとめるそうです。

彼曰く「上司の悪口を言うのは、無駄な作業をさせられている、つまり仕事前の詰めが甘いから」とのこと。たしかに、仕事のやり直しで振り回されるのはモチベーションが下がるでしょう。だから準備段階では侃々諤々の議論は必須です。

彼が上司に成果を与えるのは、「会社の上層部が自分の上司に高い評価を与えれば、その下で働いた部下として、**自分も上層部から高い評価を得られる**」「その部下の中で誰がよりいい仕事をしたかというのは、**上司から人事評価を通して個別に見られる**」から。

「できる部下」であれば、まず自部門が成果を出せるように尽力する。そのために上司を助けて働き、その成果で自分の上司が上層部から高い評価を受けるのは当たり前だし、嬉しい話だというわけです。

彼は、とくに事前の打ち合わせではとことん上司とやり合うため、ゴマすりと思われることはありません。でも、上司には成果を渡し、その結果として自分も評価されるということです。ほどなく、他事業部の企画部から管理職の声がかかり、出世していきました。

たしかに、管理職の中には「自分のところには仕事のできるスタッフがいない。近頃の若いのは使えない」と言い、自分が1人で仕事をしているように言って回る人もいます。こういった上司には、私は次のように返していました。

「そうですか。**ほぼお1人で仕事ができるのであれば、今いらっしゃる部下を、全員とは言いませんが、8割くらい別の部門に移してもらっていいですか？**　ご存知のように、今、効率化推進の一環で人員削減プレッシャーが厳しいので」

するとその管理職は「いや、そういうわけではなくて……」となります。つまり、**会社はどの管理職も、1人で仕事をしているなんて思っていない**のです。部下がどうのこうのと言うのは、単に愚痴の一種です。部下をこき下ろすことで、管理職が自分の能力を上層部にアピールしているとしたら、それは逆効果です。**部下がやるべき仕事をせっせとこなすような管理職は評価されませんから。**

こう話してもまだ多くの方々は、「言っていることはわかるが、それにしても上層部は上司のみを評価しすぎる」と思うかもしれません。ここではもう少し、経営者の観点で考えてみてください。誤解を恐れずに言いますと**「上司が部下の手柄をとって真っ先に評価されるのは当たり前」**なのです。

上層部が皆さんの上司に当たる管理職を第一に評価するのは当たり前です。**自分が管理職として任命した人たちですから。**上層部は、仕事の確認や指示は直属の部下であるあなたの上司に行うわけです。すると、その上司を評価しているように見えてしまうのは当然です。しかし、繰り返しますが、**人事部はもちろん、上層部の人たちも、その管理職1人の成果でないことはわかっている**のです。

逆に、もし上層部が管理職を飛ばして、その部下を直接評価し始めたらどうなるでしょうか？　上司である管理職はやっていられません。もし、あなたが管理職だったらどう思いますか？　管理職のモチベーションは大きく下がり、会社として成り立たなくなります。

定期的に行われる人事評価に加え、人材の長期的な発掘と育成を考えた仕組みをもっている会社が多くあります。ここでは、会社視点に立って物事を考えられる人材を発掘し、将来の経営層に育てていくわけです。こういった場でも高い評価を得る人というのは、**決してゴマすりではなく、上司とともに働き、成果をどんどん上に上げていく人たち**なのです。これは経営者の観点に立てば容易にわかることです。

8つの秘訣
2

ジョブ・ディスクリプションは無視している

外資系企業では仕事内容が「ジョブ・ディスクリプション」(Job Description)、いわゆる職務記述書なるもので明確にされていて、自分の責任や仕事の範囲がはっきりしている。だから、同僚の仕事に首を突っ込んだりしない。

そんなイメージがすっかり定着してしまいましたが、**それは間違いです。**もちろん付き合い残業をするわけではありませんが、自分の仕事が終わったらさっさと帰宅するのでもなく、**要領よく出世する人は、各担当の隙間に落ちる仕事をどんどん探し、対応しています。**

以前勤務していた会社に、優れた部下がいました。彼女は採用担当なのですが、さまざまなところに首を突っ込んでいました。人事の仕事は部門内で関連し合っています。たとえば人を採用するとき、通常であれば、採用担当と給与を決める担当の役割分担は決められています。入社する人は仕事内容に応じてサラリーグレードが決まっており、機械的とまではいきませんが、そこに当てはめていくのです。ただ、人間のことですから、**どんどんと例外が出てきます**。たとえば次のように。

「以前勤務していた社員が、転職後に復職して戻ってきたが、新しい処遇と過去の処遇はどう考えればいいのか？」

「外国人を採用する場合は、年金など日本の仕組みにどの程度合わせ、給与水準をどう決定するのか？」

「自社サイトに求人情報を載せたいが、広報との役割分担や、サイト運用は誰が管理するのか？」

このように、新しく決めなければならないことがどんどん出てきます。こういう場合、往々にして押しつけ合いが起こり、仕事が滞りがちなのですが、採用担当の彼女は、**担当があいまいな仕事はことごとく事前に先回りして受け取り、自分の提案を示して、相手に判断を求めていました**。

このように先手をとると、**こちらの要求が通りやすくなります**。彼女は、このような動きから他部門との連携やコミュニケーション力も評価され、ほどなく採用担当のマネージャーに昇進しました。

環境の変化によって、仕事内容が変わることもよくあります。以前、外資系のIT企業にいたときの話ですが、この会社では頻繁に組織変更がありました。クライアントの括りをどうすれば人材を効率的に配置できるかなど、つねに試行錯誤で、製造業が消費財と耐久財に分かれたりして、そのつど、担当業界が変わるわけです。

「私は消費財しかやりたくない」などと範囲を狭める人がたまにいますが、組織変更に対応する柔軟性に欠けるので、それこそ出世する確率が下がるでしょう。つまりこの外資系企業でも、**職務記述書はガイドラインとしてあるだけ**。できる社員は「環境変化が激しいから担当が変化するのは当たり前」と考えて、準備し、対応していました。

しかし現実には**「外資なのに、職務記述書があいまいでいいのか?」**という不満をよく耳にします。同じくIT企業で人事を担当している知人に聞いた話をご紹介しましょう。

ある管理職の1人が、不平をもらしてきたそうです。「組織が頻繁に変更される。小さいのも含めると毎月のようだ。マトリクス組織で上司が複数になることもある。指示が交錯し、自分の仕事がはっきりしない」と。あいまいさにフラストレーションを感じて、この管理職は「仕事範囲を明確にしてくれ！　ジョブ・ディスクリプションをしっかり書くのが外資系だろ！」と文句を言ってきたそうです。

これに対して、私の知人である人事担当者の返答は、次のようなものでした。

「1000万円以上もの高給でありながら、ジョブ・ディスクリプションがないと仕事ができない管理職は、当社には不要です」

もちろん、実際はここまで率直には言わなかったようですが、それに近いことをやんわりと言ったそうです。まさに彼の言うとおりだと思います。**あいまいさをマネージするのが管理職そのものですから。**

いいえ、管理職のみならず、**仕事とは、激変する環境の中でそのあいまいさをマネージすることに他なりません。要領よく出世する人は、環境変化を読みながら、自分の仕事と関連部門との間に落ちる仕事を見極め、仕事をとりに行く姿勢をもっています。**これは、相手の領分を侵すことではありません。**「お互いの仕事内容を総合的に見て、欠けている部分をどうサポートすればいいいか」**というアプローチで臨んでいるのです。

8つの秘訣
3

年功序列も実力主義になると理解している

外資系企業は実力の世界。成果主義で、日本の企業と異なり個人の能力・実力次第で出世が可能だと、よく言われます。最近は日本企業でも実力主義が強化されているものの、それでもやっぱり、外資系企業のほうが進んでいるだろうと。こういった見方は、「年功序列」というものが、能力の高さや実力の発揮具合とは真逆のものである、という誤解に基づいていることが多いのです。

要領よく出世する人は、会社を高い視点から構造的に見て「実力」の意味をよく把握し、場合によっては年功序列も実力主義になることを理解しています。そして、**社内でどの程度、年功をリスペクトしながら仕事を進めればいいか、**という度合いを考えているのです。

私の友人で、東京都心でいくつかの大型物件を手がける不動産開発会社に勤務する人がいました。彼は土地買収を担当していましたが、その口癖は**「うちの会社は年功がものを**

言う会社だ」でした。

彼の部下には自分より年上の人も多いのですが、土地買収の最終合意を取りつけるときなどは、年上の部下を前面に出して交渉をするそうです。そちらのほうが、土地の売主には好印象だとのこと。建築部隊のほうも、建築会社への発注で無理が通りやすいのは、過去の経緯を熟知している勤続の長い先輩社員で、必ずしも役職の高い人ではないと言います。そもそも、発注先であるゼネコンはまさしく年功序列社会。彼は**年功という武器**を重視して、先輩たちに敬意を払い、仕事を動かしてきたということです。

ただし、同じ会社でも営業部門は違い、高額物件を売り切る実力が問われるのです。

その友人はその後、人事部に異動し、人事評価制度の改革プロジェクトを任せられた際、営業は成果重視、開発は年功重視という仕組みを作ったそうです。当初は一部の経営陣から時代に逆行しているという反対があったようですが、年功と実力の相関を説明することで制度を完成させていき、その結果、その会社の中では非常に若い年齢で、人事の責任者に出世していきました。

要領よく出世する人はこのように、年功がどの程度、実力と相関があるのかを、しっかりととらえているのです。

こう考えてくると、「日本は年功重視で、実力主義ではなかった」という俗説が間違っていることがわかります。**「年功により得られるものが実力の源泉となっていた」**というのが正しい表現です。少なくとも1990年代初めのバブル崩壊くらいまでは、年功が実力とけっこうな度合いで比例していたという点で、実力主義だったのです。

では、年功により得られるものとは何でしょうか？　過去の事例を知っている、社内人脈を押さえている、そして先の不動産開発会社の例のように、年輩者に一定の敬意を払う日本社会の文化によってもたらされるものなど、さまざまなものが考えられます。

「過去の事例を知っている」ことのメリットについて、詳しく説明します。日本経済は高度経済成長時代と言われたころから、多少の山や谷はあるものの、基本的に右肩上がりでした。この中で、とくに製造業は、英語でも有名になった「改善（Kaizen）」に経営の力点を置いてきました。右肩上がりの経済では、過去を踏襲するシンプルなビジネスモデルで利益が上がったためです。

「改善」は過去の延長ですから、**クリエイティブやイノベーションといったことよりも「過去の経緯を熟知している」ことが重要な要素であった**のです。もちろん、創造力が不要とは言いませんが、時間をかけて積み重ねた経験のほうが、重要だったのです。

また、「改善」には他部門との調整が不可欠で、そのために社内人脈は大きな強みになります。実際、このころは**「部下の結婚披露宴でスピーチをした」などという社内の人間関係が、会社の中で仕事をスムーズに進めるための重要な役割を担っていました**。過去を知っているという年功は、改善を通して企業を発展させるのに重要な能力だったのです。そこでは、アメリカでMBAをとり、経営技術を勉強したといったことは、さほど役立ちません。

実力主義は重要です。しかしながら、その実力の源泉をしっかりと見極めると、年功という要素が重要になる場合がある。**要領よく出世する人たちは、年功というものがビジネスに果たしうる度合いを測り、それに対してリスペクトをもって仕事をしている**のです。

8つの秘訣
4

「実力」だけでは出世できないと知っている

今、「実力も環境により異なる。年功も場合によっては実力になる」という話をしました。では自社や自部門に必要な実力をしっかりと把握し、それを発揮すれば、出世できるのでしょうか？

たしかに実力がないと出世はできないし、仮に間違えて出世したとしても長続きはしません。しかし、**実力があれば出世できるのかと言えば、そうでもありません。**実際、**要領よく出世する人は、実力以外に何が出世に必要なのかをしっかりと認識し、そのチャンスをつかむように努力しています。**

しかし、なぜ実力がものを言わないのでしょうか？

まず、他の人たちとのバランスの問題があります。野球のメジャーリーグでは少々の実力ではやっていけないように、実力も相対評価です。**いくら自分の実力が高くても、それ**

以上の実力者に囲まれていては、出世はおぼつかないでしょう。

それ以外に、**実力よりも組織の都合が優先される**ことがある点も重要です。私の友人で、ある製造業で製造技術に明るい人がいました。過去の経緯も熟知し、さらに新しい視点も織り込める、非常に優秀な方でした。

しかし、2年間の営業勤務から戻った同期に、出世で先を越されてしまいました。聞いてみると、営業と製造のコミュニケーション促進目的で人事交流があり、異動後に製造と営業の両部門で昇進が行われたとのことです。昇進した同期よりも私の友人のほうが製造技術については明るかったようですが、異動を不利にせず、優秀な人材を今後も交流させるためにも、今回の昇進は不可欠とのことでした。

このように、**優れていても、組織の都合によりチャンスを逃すこと**もあります。彼はそこを理解しており、不平など言いませんでした。部門をまたいだ経験は成功に不可欠と認識しており、次の人事異動では、別の部門への異動に自ら応募し、その後、管理職へ昇進していきました。まさしく、**実力にプラスαとなるものが何かを知っていたからこそ、可能となった昇進だ**と言えるでしょう。

最近は日本企業も人材の流動性が高まっていますし、組織変更により、突然これまでやっていた仕事がなくなったり、新しい仕事が増えたりすることがあります。**新しくできた部門の管理職として急に白羽の矢が立つ**、ということもあります。また、上司が異動して軌道に乗ったら、**腹心として以前の部下を引っ張る**こともよくあるでしょう。これらは、必ずしも理不尽とは言えません。経営として素早く成果を出すためには、必要なことです。

某大手ＩＴ企業のＯＢが、次のようなことを言っていました。**「出世の3カ条は、①引き、②運、③力だ」**と。③の「力」は実力で、これなくして間違って出世してもすぐに化けの皮が剥がれてしまいますが、あくまで3番目だそうです。②の「運」は前述したような会社の都合により、チャンスが左右されるのでより重要。そして①の「引き（上司との相性）」が、いちばんものを言うということです。高いポジションほど、実力面ではほとんど差がつかいないため、相性が重要になってくるわけです。

つまり、**実力は出世の必要条件ではあるのですが、十分条件ではない**ということです。実力は当然のことながら重要です。加えて、前述したように組織の要請を把握して運をつかみに行ったり、また実力ある上司との良好な関係を築いたりできてこそ、「引き」や「運」を手にできるわけです。**「引き」や「運」を手に入れるのも、要領次第**なのです。

引きや運をたぐり寄せるには、本書に書かれていることをしっかりやるのがいちばんです。「第1章2　ジョブ・ディスクリプションは無視している」で書いたことも、引きや運をたぐり寄せるための1つの方法と言えるでしょう。

読者の皆さんは違うと思いますが「昇進しても、さほど昇給はないのに責任だけが大きい」とこぼす人もいます。しかし、誤解を恐れずにはっきり言いますと、**サラリーマンには責任などほとんどありません**。上場企業の役員、とくに代表取締役にでもなれば、株式市場を通して不特定多数の投資家からお金を預かっており、半分「公人」のようなものですから、緊張するに値しますが、中間管理職の責任など、辞めることぐらいです。転職すればすむ話なのです。むしろ、**少しでも出世して大きな責任を負うほうが、転職でも有利**です。いい意味での「無責任さ」をもって、リスクをとって仕事に取り組んでください。

8つの秘訣
5

つねに「中庸」を意識している

外資系企業というと、イエスかノーかをはっきり主張するというイメージがあります。ですが、**要領よく出世する人たちは、意見をクリアに主張しつつも、決してゼロイチ議論には陥りません。「中庸」**をじっと見て「どの程度か？」を議論し、長期的な視点からやるべきことのプラス面とマイナス面をしっかりと押さえて判断を下しています。

会議などでよく、「何から何まで〜なんていうのは受け入れられない」「全部が全部〜なんていうのはダメだ！」と言う人がいます。しかし**実際問題として、All or Nothing、すなわちゼロイチなんてことがありえるはずはありません。**

ところが、多くの会議や意思決定の場では、そのゼロイチ議論の果てに、感情的対立が深まり、結論も出ないということが見られます。**要領よく出世する人は、決してゼロイチでは考えません。**

知人が勤めるある外資系企業で、米国本社からの指示でダウンサイズ、つまりリストラが行われることになりました。1990年代半ば過ぎで、まだ日本ではさほどリストラは頻繁に行われていなかったころです。人事は各部門長との会議で事情を説明し協力を要請しましたが、まだリストラに対する免疫ができていなかったこともあり、ほとんどの部門長は難色を示しました。

「本社は効率だ、効率だって、何から何まで効率だなんて言うのはおかしい。行きすぎたリストラによる人材流出は企業にとって損失。短期的な利益を追って安易なリストラに走るのではなく、苦しいときこそ長期的視点で人材を抱えることが重要だ。リストラをやると、残った社員も『次はわが身か？』と考え、モチベーションに悪影響を及ぼす」といった反対意見が出たそうです。

たしかに一理ある主張ですが、そのとき、私の知人の意見は「リストラをする、しないのゼロイチ議論は不毛。わが社は世界中でダウンサイズをやっているわけだし、日本だけ免れるのは不可能。ただ、**リストラのメリットとデメリットを見極め、本社の数値目標を一方的に受け入れるのではなく、どの程度行うかを熟慮すべき。量が質を決める**」というものでした。素晴らしい見識だと思います。

企業はどうしてリストラをするのでしょうか？　それは費用対効果、つまり効率を考えるからです。

人件費は大きな費用であり、経営にとって負担になります。また、環境変化が激しい昨今では、今いる人材を育てるよりも即戦力を採用するほうが効率的であったりもします。

一方で、リストラにはリスクが伴います。技術流出、残った社員のモチベーションダウン、会社の評判のダウン、訴訟のリスクもあるでしょう。このメリットとデメリットのバランスがポイントなのです。リストラ反対の人は**「行きすぎたリストラはダメ」**と言うのですが、私の知人は**「行きすぎなければいい、適度なリストラは必要」という、至極当たり前のこと**を主張したままでなのです。

その会社では、本社からのリストラの人数目標を理屈で跳ね返し、約6割に抑えたそうです。彼はこういった大局的な視点を評価され、その後、さらに大きな部門を任されるゼネラル・マネージャーに昇進していきました。

リストラ対象者は、必ずしも仕事能力が低い人ではありません。たとえば、一昨年話題となった家電メーカーでのプラズマテレビ事業は、円高に加え海外勢が安価な商品を作ってくるため、日本企業は縮小あるいは撤退を余儀なくされています。

すると、その分野で高い能力をもつ技術者もリストラせざるをえなくなります。彼らはその後、アジアの競合企業に転職し、新天地で活躍することになります。会社としては、優秀な技術者を失っています。その一方で、会社は自社の強みに合わない事業を縮小し、自社の得意とする分野に経営資源を集中できるのです。

その両方を考慮し、自社にとってメリットがデメリットを上回るのなら、経営としては、そのリストラは正当化されます。そもそも、もし行きすぎたリストラなどしたら、過度な人材流出やモチベーションダウンが起こり、経営陣は株主からクビにされるでしょう。

物事にはメリットとデメリットがあります。**要領よく出世する人たちは、その両方を睨みながら程度の議論をし、落としどころを模索して判断します。**これを**「中庸」**という言葉で表現しました。「どの程度やるか？」という度合いが大切なのです。キャッチフレーズ的に言うと、**「量が質を決める」**と言えるでしょう。感情論的なゼロイチ議論に陥った思考や会議に出くわしたときには、量の議論、つまり「どの程度なのか？」をつねに問うようにしてください。

8つの秘訣
6

「足る」を知っている

20年来の友人で、現在世界有数の日本の自動車会社に勤務している人がいます。彼は非常に仕事熱心で、異文化の多様性も許容できる人物。今は海外法人の要職にあります。

彼が以前、外国の自動車メーカーの日本法人で、年収800万円台の課長待遇で勤めていたころに、相談を受けたことがありました。次のようなものです。

「ノリさん（私はこう呼ばれています）、聞いてください。今の会社はもう無茶苦茶です。上司も同僚も部下たちも、自分のことしか考えない保身の塊です。事前のミーティングで決めた方針も、本社から来たエグゼクティブがひとこと言うといきなり口をつぐんでしまい、イエスマンになってしまいます」「顧客と自社の双方の観点から考えて提案しようとした内容を、上司も同僚もすぐに覆して私のプレゼンテーションのハシゴを外すのです。鬱になりそうです。**地獄のような日々です**」

電話では相当深刻そうだったので、会って話を聞くことにしました。

待ち合わせ場所の渋谷の公園通りで待っていると、彼は外車のカブリオレ車に、ペットのテリア種の犬を乗せてやって来ました。当時彼が勤めていた会社は、課長クラスになるとリースカーといって、月に二万数千円を支払うと会社から車が貸与されていました。自宅駐車場は自己負担だったようですが、保険代をはじめガソリン代や高速代はすべて会社負担で乗り放題。要するに、会社には社員に、自社製品に乗って街を走ってもらうという、宣伝の狙いがあるわけです。

なかなかルックスもいい男で、公園通りを颯爽と走ってきて、私に「ノリさん」と声をかけると、周りにいた女性たちが彼とその車とペットの犬を見て「可愛い〜、カッコいい！」と言っています。私は車に乗り込むや否や**「この生活のどこが地獄なの？」**と思わず噴き出して、笑いながら聞いてしまいました。

笑い話のように聞こえるかもしれませんが、いかにこういう話が多いか。**恵まれているのに不満が多く、仕事のパフォーマンスが落ちたり、とうとう鬱になったりする人**すらいます。

こういったことを避けるための考え方のコツは**「足るを知る」**ことです。

2012年の国税庁の調査（「民間給与実態統計調査」）では、私の友人のように年収が800万円を超える人は8％です。それに加えて彼は、車を二万数千円で借りることができます。ガソリン代や高速代が無料ということまでを考慮すれば、年収換算で100万円くらいのプラスになります（維持費は2500ccクラスの乗用車だと年間で60万円はかかると言われ、それに車の代金が上乗せされる）。さらに、これらには所得税がかかりませんから、手取りを考えると3割増しくらいの130万円アップでしょうか？　年収では900万円を超えます。

私の友人が収入の高さを問題にしていないことはわかっています。ただ、確信をもって言えるのは、**これだけの生活は地獄でも何でもないし、鬱になるような状況でもない**ということです。ローマの哲学者でセネカという人が次のようなことを言っていました。「わずかしかもたない者でなく、多くを望む者が貧しいのである」と。

外資系企業で仕事を素晴らしくこなし、**要領よく出世している人たちに共通するのは、多くを望むことがあっても、その一方で自らがいかに恵まれているかをよく知っているこ**

とです。彼らは、自分が社会の中でどれだけ恵まれた立場にいるのかを、しっかりと認識しています。これは日本企業でも同じかと思いますが、**一般的に貪欲だとかグリーディーだとか思われている外資系企業の社員でも、変わりありません。**

「足るを知る」ということは、大きな希望をもつなということではありません。**現状がいかに恵まれているかを知れば、不要な欲望や焦りから自由になれ、リラックスして大きな夢を追える**ということです。

手前味噌な話ですが、先述の友人は、私のアドバイスの後、不満から抜け出して伸び伸びと仕事をするようになりました。転職後に昇進し、大手企業の海外法人代表を務めています。

海外での生活は赴任扱いで経済的には非常に恵まれているとのことですが、**「足るを知る」とは、その生活にしがみつくこととは違う**とはっきりと言っていました。ネガティブな感情に陥りそうになったとき**「今の環境に感謝する」**ことで、気持ちをポジティブにできる。一方で、仕事はやるべきことを正しくやるのだと。素晴らしい成長だと思います。

8つの秘訣
7

人事制度を読み込んでいる

皆さんの会社には、人事制度があると思います。その中でも評価・処遇制度は重要です。**「どんな人が高い評価を受け、よい処遇を得るのか?」**という指標ですから。この指標に合う人が会社の中で出世し、将来の幹部になっていきます。

ところが、こういった**人事制度をしっかりと理解しないで仕事をしている人が非常に多いのです。**これでは会社が求めていることに応えられず、努力も空回りになってしまいます。一方で、**要領よく出世する人は人事制度をしっかりと読み込み、理解し、会社の中でどう動けばいいのかを熟知しています。**具体的なケースを見ていきましょう。

ある不動産販売会社で出世している友人から、次のような話を聞きました。

「うちの会社は成果主義だと言っており、ボーナスのうち、個人業績が反映される比率が60%。一方でチーム評価なるものがあり、チーム目標が未達だと残りの40%のボーナスは支払われない」ということでした。

私は「そんな仕組みだと、優秀な営業は嫌がるのでは？　個人業績比率を限りなく100％に近くしてほしいのでは？」と聞きました。グループには1～2人はなかなか成果を出せない人がいるものです。その人たちが足を引っ張り、管理職もチーム目標達成のため数字が未達の人のサポートに回りがちになる上、最後は他のメンバーに営業数字のシワ寄せが行くことを心配したわけです。

すると友人の返答は「たしかにそういう声は多いが、うちの会社では60：40の比率がいいと思う。自分は、同僚の営業社員にも、この比率が妥当だと話している」ということでした。友人は「数字を上げるアグレッシブな営業マンが不平をもらすのは会社としても困るだろうが、**チーム評価を一定割合入れて、社員が協働しやすい仕組みを作るほうが、会社としてメリットがある**と思っている」と言うのです。

会社にどんなメリットがあるのでしょうか？　彼は、次のような点を挙げていました。

まず、人材が育ちやすい。なかなか数字を出せない営業マンを容易に辞めさせるよりも、上司やできる営業マンがサポートすることで育成するほうが、会社にはプラスです。

次に、チーム内での協力を促進することにより、管理コストを節約できる点が挙げられます。協力関係ができていれば、担当者が不在のときには自分以外の顧客にも対応するでしょう。この協力がないと、別途担当を置く必要があったりしてコストがかかります。

他には、人の入れ替わりが激しくなると採用や教育にコストがかかる。さらに、この会社の顧客は、営業マン個人というよりは会社の信頼度で商品を購入しており、営業マン1人で売れるものではないなど、さまざまな理由があります。

私の友人は管理職ではなかったのですが、**人事制度をしっかりと理解し、とくに新しく仲間になる同僚に詳しく説明していました。**その後、彼は人事部に異動し、処遇制度の改定に携わり、さらには営業部門の管理職として復帰していきました。

一方で、保険会社のように、チーム評価をほとんど重視しないところもあります。

保険会社が扱う商品は、各社大きな差はなく、営業マンも自分たちの人脈で売っていきます。顧客は会社ではなく営業マン個人に帰属します。契約時には管理職の同行説明もあるでしょうが、社内の社員間協力はほとんど必要ありません。つまり、不動産販売と異なり、個人の力に負うところが非常に大きいのです。また人材の流動性が高く、転職も容易なため、優秀な営業マンを引き留めておくためには、チームワークなどと悠長なことを言ってはいられないわけです。

このように業界によって特性が異なるので、ぜひ、**自社の特性を考慮に入れながら人事制度を読み込んでみてください。**部門内で協力態勢はどの程度必要か？　それがないと管理コストは上がるか？　顧客は会社についているか、個人か？　他部門のサポートはどのくらい必要か？　人材の流動性はどの程度高いか？　などを見極めると、人事制度の意味が腹に落ちることでしょう。**要領よく出世する人たちは、こういった人事制度の特性を見極めたうえで仕事をしています。**

人事制度をはじめ、ルールにはそうなっている理由があります。私も人事部の部下には、他部門から質問を受けたら、背景と理由を含めて返答するように指導してきました。「人事のルールだからできません！」と言うのは、それこそダメな人事です。

経営者の多くは「社員にうまくメッセージが伝わらない」と悩んでいますが、だからこそ、しっかりと制度を読み込み、背景も含めたメッセージを把握する社員は出世すると言えます。会社の期待を把握し、会社が期待する行動をとることができるのですから。

8つの秘訣
8

不本意な仕事にこそ力を入れている

組織にいると、気乗りのしない仕事をやらなければならないことがあります。たとえば、自分の能力向上の糧にならない仕事や閑職に近い仕事、希望するキャリアとは異なる仕事などです。**要領よく出世する人は、こんな「気乗りしない」場合こそチャンスととらえて、仕事に取り組んでいます。**いくつか例を挙げましょう。

能力アップに結びつかない仕事が続いた友人がいました。仕事内容は悪くないのですが、同じ分野の繰り返しだったようです。彼はITのプログラミング技術に優れ、ERPという経営情報の基幹業務システムを提供する企業で、クライアントへの技術サポートの仕事をしていました。しかし、それだけでは将来のキャリアが不安なため、簿記1級を取得して、会計的アプリケーションのコンサルティング部門への異動を希望していました。IT技術と会計の両方があれば、鬼に金棒というわけです。

ところが、なかなかコンサルティング部門へは異動できません。プログラミング技術に長けているため、**上司が離さない**のです。

そこで彼がとった行動は、**プログラミングの仕事に、さらに力を入れること**でした。そして、次のように上司に提案したそうです。

「会社組織だから、都合よくやりたい仕事ができないというのはわかっています。ただ、自分も将来が心配なので、得意分野のプログラミングを続けるにしても、自分の興味のある会計系プログラミングを担当の中心にしてくれませんか?」

要するに、自分の仕事には全力投球するが、仕事を興味のある分野に関連させてほしい、というものでした。そうすれば、少しでもアプリケーションの勉強にもなるということです。**こうアプローチをされると、上司としては配慮する**ものです。

彼は、会計系の仕事のプログラミングを通して、アプリケーションのソフトについての知見を深めました。2年後に異動したのですが、アプリケーションのコンサルタントにはならず、テクニカル、つまり専門分野であるプログラミング部隊の管理職に出世しました。管理職になるにはプログラミングとアプリケーションの両方の知識が必要で、彼は得意分野の仕事に注力しながらアプリケーションを学んでいたからです。

会社は給料を払っているわけですから、組織の都合で人を配置するのは当たり前です。**今の仕事が不本意でも、それをしっかりと遂行しつつ、少しでも希望に近づけるにはどうするべきかを考えて提案し、仕事をすること**が、出世につながるのです。逆に、上司の立場からは部下に対して「君の能力向上を考えたいが、会社組織の要請上、君の意向に完全に沿うことは難しい。ただ、できるかぎり希望を聞いてサポートするので、話し合おう」と言えば、部下のモチベーションも高まり、いい仕事が期待できるというものです。

では次に、嫌な仕事や閑職に追いやられたような場合は、どうすればいいのでしょうか？　これは厄介です。仕事ができずに閑職に回された、というのであれば話は別ですが、異動時期によいポジションがなかったとか、上司との相性が悪くて閑職に飛ばされるというのも、ありえる話です。

要領よく出世する人は、これさえ幸運ととらえます。自己をブラッシュアップするチャンスだと。勉強するだけでなく、ネットワークを広げたり、自分の市場価値を知るために転職活動をしたり。それを機に、婚活した人もいました。いずれにせよ、**この機会を逃さず、充電期間として、その貴重な時間を有効活用する**のです。

そして、この**閑職のときこそ、実はアピール・チャンス**なのです。ある会社で、人事から総務に異動した人がいました。彼女は人事に興味があって入社したのですが、担当する外国人部門長とウマが合わず異動になったのです。新たな担当は購買の備品管理などでした。彼女は当時、まだサービスが始まったばかりのアスクルを導入してオペレーションコストを下げました。

この実績から、セルフスターターの仕事ができる社員として高い評価を得て、元の上司の異動とともに人事に復帰し、採用を効率化するプロジェクトの担当になりました。

会社には組織の都合があるし、社員は希望することばかり都合よくできるはずもない。場合によっては上司との関係で不本意な部門に配属されることもある。しかし、そこで**充電し、さらに学ぶ努力を続け、改善を求めた動きをすれば、評価を高めるチャンス**なのです。

阪急グループ創始者の小林一三氏の素晴らしい言葉があります。「下足番を命じられたら日本一の下足番になってやれ、さすれば誰も君を下足番にはしておかない」。**要領よく出世する人は、この言葉を心に刻んでいます。**

［第2章］

要領よく出世する人が密かにやっている20の習慣

20の習慣
1

「上司の上司」視点で考えている

この節は、他とは内容が異なります。要領よく出世した人の例ではなく**「上司の上司」の視点で考えるためのフレームワーク**を説明しています。**要領よく出世する人はこのフレームワークを理解しています**。また「第1章3　年功序列も実力主義になると理解している」や「第1章7　人事制度を読み込んでいる」で説明した内容、および第2章以降に書くことを、読者の皆さんが自社に当てはめて考えていく際に必要となるものです。ぜひ、熟読していただければと思います。

カッツモデル

「上司の上司」の視点とは、つまり経営層の視点です。この視点について考える前に、まずは、経営層にはどのような能力が必要とされているのかを見ていきましょう。

ハーバード大学のロバート・カッツ教授が1955年に発表した、マネジメントの段階

図表1　カッツモデル

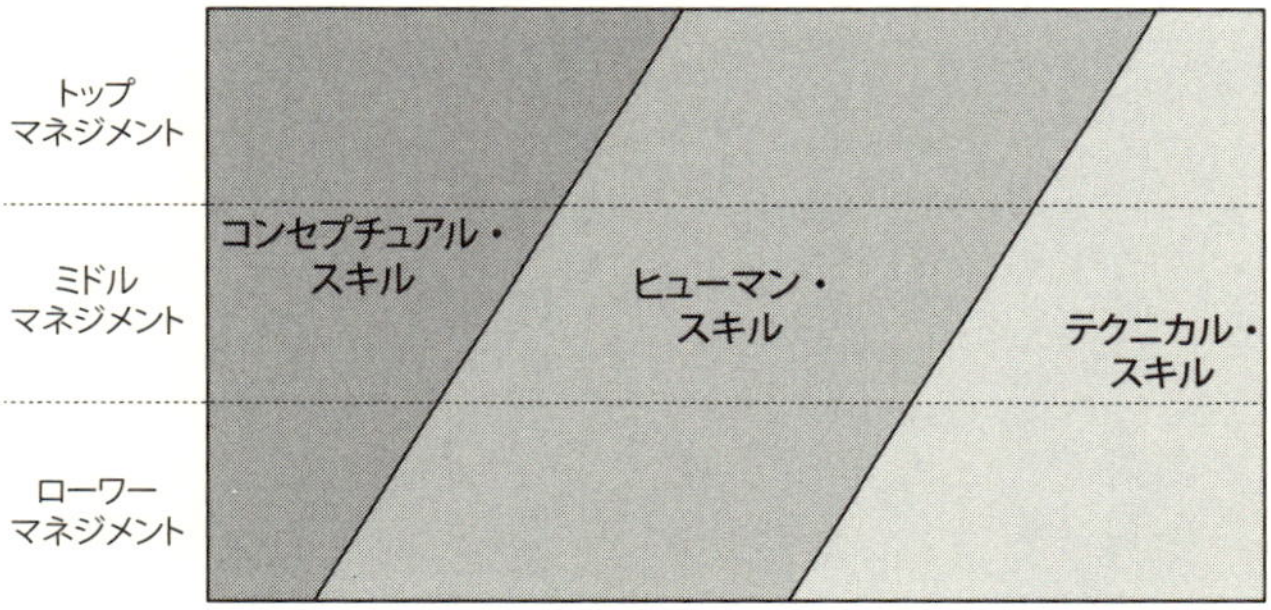

ごとに必要なスキルを解説する**「カッツモデル」**というものがあります（図表1）。マネジメントの最初の段階はテクニカル・スキル（業務遂行能力）が重要で、徐々にテクニカルよりもコンセプチュアル・スキル（概念化能力）が必要になってくる。ヒューマン・スキル（対人関係能力）は一貫して必要ということです。

　トップマネジメントに必要な**コンセプチュアル・スキルとは、全体観をもち、将来像を描くための論理的思考、問題解決力、応用力**と言われます。しかし、カッツ教授の時代から50年以上を経た現在では、このコンセプチュアル・スキルは、初任管理職でも必要とされてきています。皆さんも会社の中で**「広く全社視点で、経営者の視野で考えろ」**と言われているのではないでしょうか。この点を理解できる人が、企業内で出世するのです。

コンセプチュアル・スキルを体現するフレーム

コンセプチュアル・スキルは、次のようなフレームで表現されます。図表2をご覧ください。一般環境の**PEST**（P=Politics, E=Economy, S=Society, T=Technology）が、**3C**（Company, Customer, Competitor）という**タスク環境**に影響を与え、その中で皆さんの企業が勝ち残るために必要な鍵（**KSF**：Key Success Factor）が導かれます。そしてそのKSFを実現するために、企業は**7S**（Strategy, System, Structure, Shared Value, Style, Staff, Skill）という経営要素を工夫していくのです。**この一連の観点で会社を見ることが、まさしく現代に必要なコンセプチュアル・スキル**です。

本書の趣旨から、このフレームワークの説明には大きく紙面を割きませんが、いくつかの例を挙げて簡単に説明させていただきます。PEST、3C、KSF、7Sというキーワードで調べると多くの書籍が出てきますので、詳細はぜひとも経営戦略の本などで勉強してください。

図表2　コンセプチュアル・スキルを身につけるフレーム

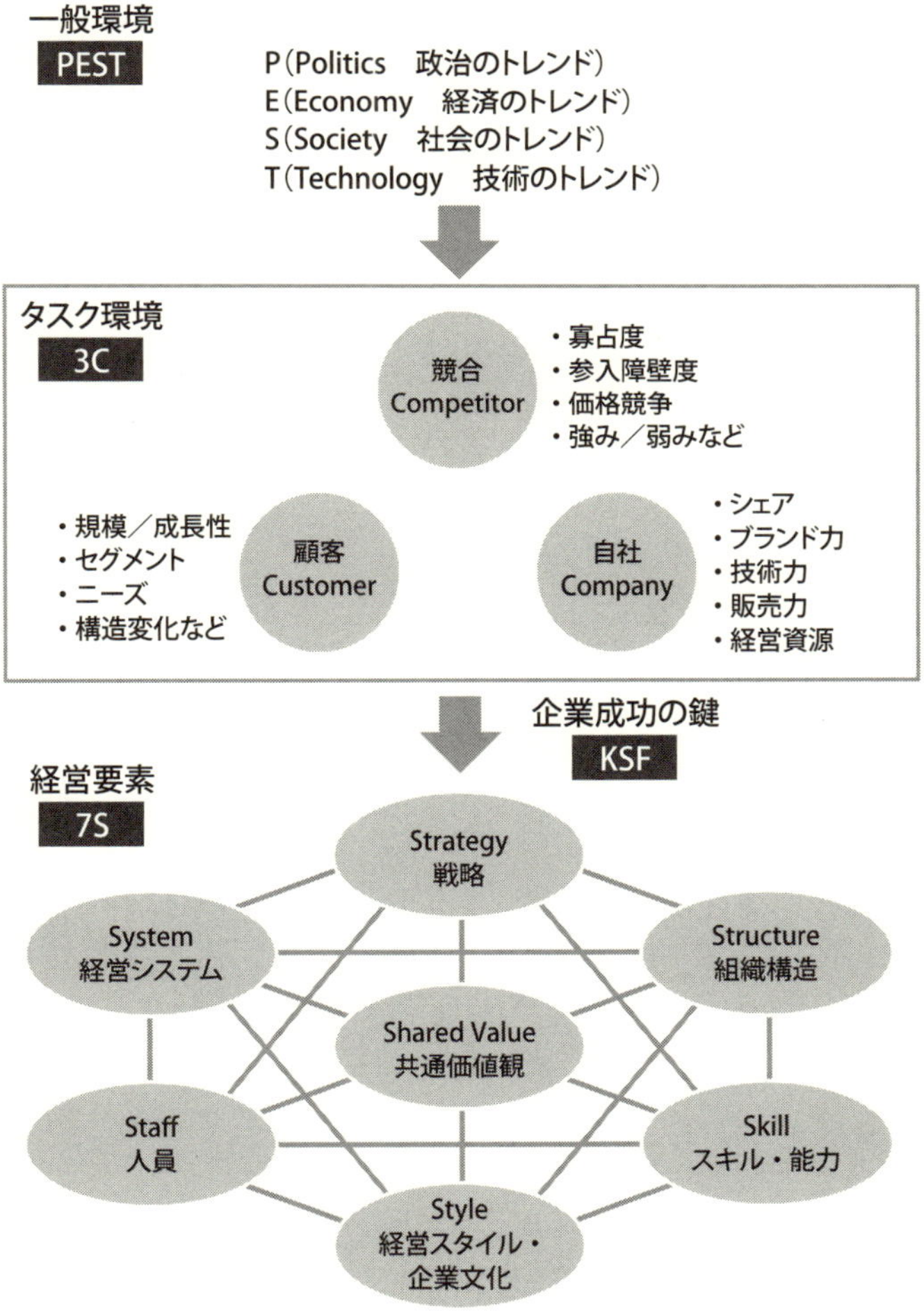

※「3C」では、「競合」と「顧客」が重要となる。「自社」は環境適応が必須なため、「7S」を構築するための現状認識という位置づけである。

●PEST

PESTは社会環境全体、すなわち政治、経済、社会、技術です。これらはタスク環境である**3C（自社、顧客、競合）**に影響を与えます。

たとえば、政治（P）で言うと、2009年に「コンクリートから人へ」のスローガンの民主党政権が誕生しましたが、そうなると公共事業が減ります。これは建設業界ではビジネスに大きく影響を与えます。

経済（E）では、経済トレンドが上向きか下向きかは需要に影響するので、たとえば設備投資をどの程度するかの判断に影響を与えます。

社会（S）では、食の安全や個人情報への人々の意識や関心は、情報セキュリティに関する企業の対応に大きな影響を与えます。ここで間違うと、会社がなくなるくらいのインパクトがあるのは、昨今のニュースが報道するとおりです。

そして、技術（T）では、典型的な例としてはインターネットの普及が、一般消費財の小売りや証券会社の営業に大きな影響を与えています。

つまり、社会のマクロ環境であるPESTは、タスク環境と呼ばれる企業経営の環境（自社、顧客、競合）に多大な影響を与えるのです。

●タスク環境（3C）

次に、タスク環境（3C）を考えてみましょう。

もしあなたの会社が玩具メーカーだとして、仮に育児補助政策で規制緩和が進めば、玩具メーカーの知名度を活かして保育園や幼稚園のビジネスに参入できるかもしれません。その際、玩具メーカーだけではなく、児童用書籍などを販売している会社も、競争相手として参入してくる可能性があります。また、駅前でオフィスビルを保有する企業も、立地の特性を活かして参入してくるかもしれません。参入しようとする企業は、子供を預けようとする親である顧客の求めるサービスを考えて、戦略を練っていくでしょう。

保育園や幼稚園の**ビジネスの成功の鍵（KSF）**は何でしょうか？　価格も重要でしょうが、安全性が第一優先でしょう。安全性や施設の充実度とともに、企業イメージもポイントになります。こういったニーズを多くもった顧客が要求する立地（大都市圏の郊外の駅など）にいち早く店舗を出すことが必要になるでしょう。これがKSFと言われる、企業が成功するための鍵です。

●マッキンゼーの7S

次に、このKSFを実現していくための要素が、7Sです。7Sとは、

・どんな**共通価値観（Shared Value）**に基づいて、
・どんな**戦略（Strategy）**を、
・どのような**組織構造（Structure）**で実現していくのか？
・その際の**経営システム（System）**は？
・どんな**スキル・能力（Skill）**をもつ**人員（Staff）**がどのくらい必要か？
・これらを支える**経営スタイル・企業文化（Style）**はどのようなものであるべきか？

を問う視点です（図表3）。

続けて、保育ビジネスの例で考えてみましょう。

「戦略（Strategy）」では、高学歴の共稼ぎで比較的富裕層であるハイエンドな親を顧客ターゲットにするとします。彼らの子女を預かるとなったら、値段は少々高くても受け入れられるでしょう。

図表3　マッキンゼーの7S

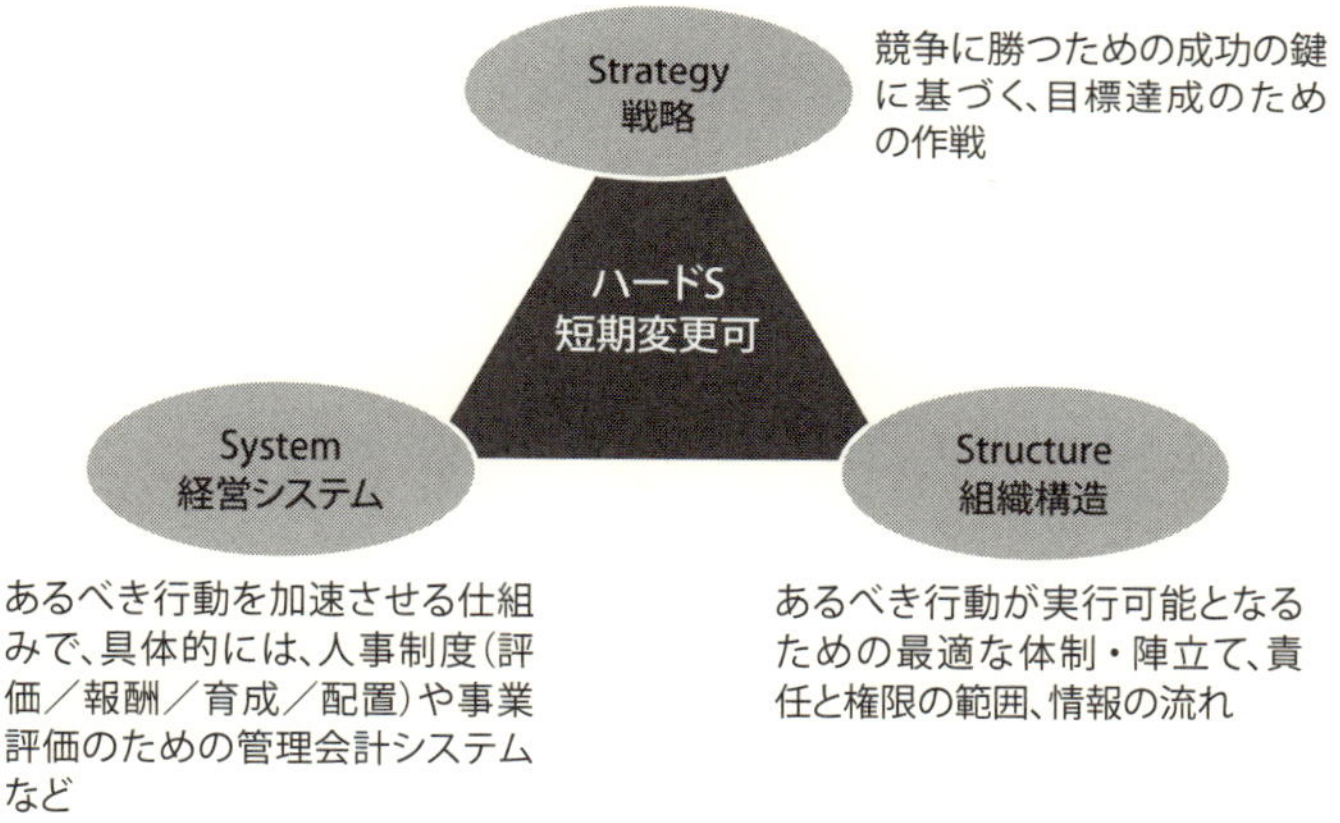

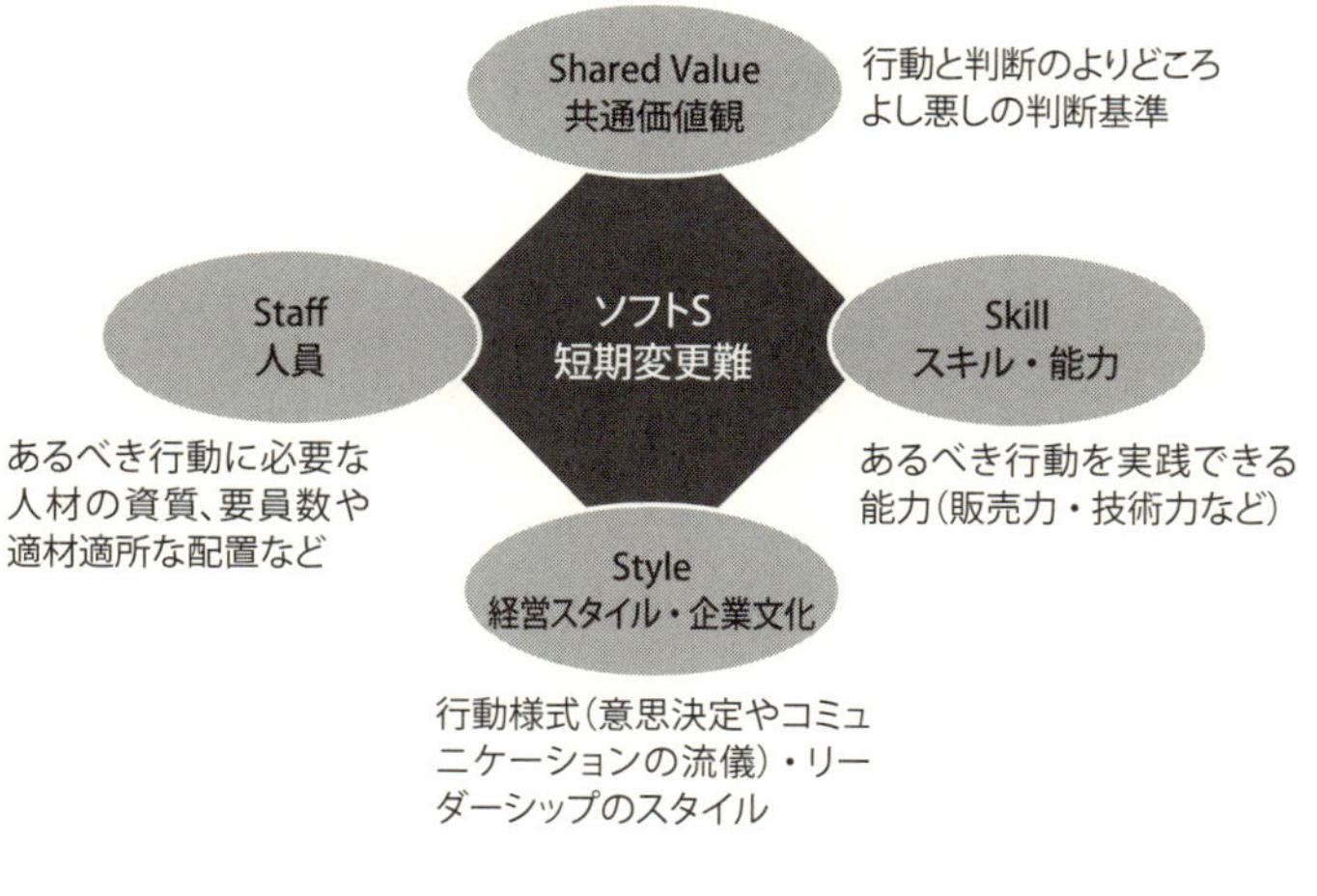

「共通価値観（Shared Value）」は、子供たちの保育を通じて社会の発展に貢献する、というようなものになるでしょうか。

その事業の「経営スタイル・企業文化（Style）」が、「子供の安全性が第一」であることは言うまでもありません。

さらに、教育レベルが高い親であれば、保育内容のレベルの高さが重要になってくるでしょう。また、そのような両親は社交の場で過ごしたり、夫婦で時間を過ごしたりする楽しみにも価値を置くと想像できるので、遅い時間まで預かるというのはいい差別化かもしれません。したがって、保育内容と保育時間という「経営システム（System）」は、こういった顧客ニーズに基づいた内容になります。

「組織構造（Structure）」としては、人材育成の本部権限を大きくして、安全と保育内容を重視したマネージャー「人員（Staff）」を、各保育所に配置する「経営システム（System）」を構築する必要があります。安全と保育内容のレベル維持は事業成功の鍵となるので、本部でコントロールするわけです。

子供好きであることはもちろんのこと、子育て経験のある「スキル・能力（Skill）」をもった「人員（Staff）」を各保育所に一定割合配置する「経営システム（System）」も必要かもしれません。

以上、簡単にPEST→3C→KSF→7Sを説明しましたが、このハイエンドターゲットの保育ビジネスはあくまで一例です。ぜひ、皆さん自身が、自社がどういう状況にあるのかを、このフレームでしっかりと考えてください。**これこそが、上司の上司、そしてトップマネジメントの視点で事業を見ることになる**のです。

トップマネジメントの視点で考えることの重要性

現場で一生懸命仕事をすることは、もちろん素晴らしいことです。しかし、現場に集中すると日々の仕事に追われて視野が狭くなり、事業環境全体の中での自分の位置付けが見えなくなりがちです。

余談ですが、よくある上司に対する愚痴は、この視点の違いからきているものが多いのです。「上司はわかっていない、バカだ」と言う人がいますが、はっきり言います。**上司はあなたが思うほどバカではありません。**

先の保育ビジネスの例に戻りましょう。ここでは、要求度の高い顧客（子供たちのご両親）が多く、時に無理な注文をつけてくる人たちが出てくる可能性があります。とくにハイエンド顧客を対象にしていれば、その確率は高まるでしょう。これに対応するためには、本部との連携でノウハウを積み重ねていくなどの「経営システム（System）」も必要になります。

現場で働いている者としてはストレスも溜まるでしょうから、たまにはガス抜きで愚痴を言いたくもなります。ただ、このフレームワークを通して事業の構造的な特徴を把握していれば、要求度の高い顧客が多くなるのは当たり前だとわかるので「苦情を聞くのも仕事の1つ」と考え、苦情は顧客からの有益なフィードバックととらえることができます。「苦情聞きもいい意味で仕事」と割り切れれば、精神的に追い詰められることなく、それなりに納得して仕事ができるのではないでしょうか？　もちろん、会社としてはガス抜きの「経営システム（System）」、たとえば施設長をメンターする仕組みなどを作ることは重要です。

このフレームワークは、他にもいろいろなところで活用できます。たとえば、第1章で説明した「3　年功序列も実力主義になると理解している」です。過去の企業環境のように、変化のスピードが遅くビジネスモデルがシンプルな時代では、必要とされる「人員（Staff)」と「スキル・能力（Skill)」が、社内の事情を熟知した年功の高い人だったわけです。だから「年功」が実力となり「成果」に結びつきやすかったのです。

また「第1章7　人事制度を読み込んでいる」では、「経営スタイル・企業文化（Style)」がチームワーク重視であったほうが、会社としては都合がいいから、ボーナスの40％がチーム業績で支払われるような「経営システム（System)」を導入していたわけです。そして、社風は40％のチームボーナスがあってもいいと考えるチーム重視の「経営スタイル・企業文化（Style)」で、それを好む「人員（Staff)」が求められるのです。

これから先、本書で説明する内容は、このフレームワークに戻ることが多いので、ぜひとも頭に入れて読んでいってください。

会社の特性から裁量の幅を見極めている

「裁量」の大きさは、働く人にとって重要です。権限があれば創意工夫ができ、能力もやる気も高まります。使いみちの決められたお小遣いより、自分で使いみちを決められるほうが楽しいでしょう。この**「裁量」の度合いは、実は会社の事業特性から決まる**のです。**要領よく出世する人たちはその特性をしっかりと把握し、裁量を適切に認識して仕事を遂行しています。**

以前、ある外国の自動車会社で、新任のＣＥＯが「当社はシングル・プロフィットセンター（ＰＣ）だ」と言うのを聞いて、驚いた経験があります。自動車会社のような大企業なのに、ＰＣが1つしかないと言うのです。

ＰＣというのは、業績を判断する利益管理の単位です。たとえば食品会社であれば、ブランドや製品群ごとに、売上から費用を引いて各々の利益を計算し、事業評価を行います。

したがって、それぞれのブランドや製品群が、ＰＣとなります。

ＰＣを担当するマネージャーにとっては、売上とともに費用管理も責任の範囲で、売上が見込めない場合は費用を抑えて利益を捻出するという手もあり、売上と経費の両方に裁量があるわけです。

食品などを扱う会社では、商品の数とまでは言いませんが、ＰＣは多くあります。一方で、当時全世界で30万人を超える社員を擁する超巨大企業であったその自動車会社で、ＣＥＯが「当社のＰＣは１つ」と言い放ったわけです。

この話をその会社の日本法人に勤める先輩にしたところ、**「開発コストが莫大な自動車業界では、ＰＣは1つであるべき」**と言いました。どういうことか、説明しましょう。

プラットフォーム（自動車のベースとなる車台）の開発には、数千億円単位の投資が必要です。車台はさまざまな車種に共有され、同じ車台でも上に搭載するものによって違う車になります。開発に加え、世界中に分散した製造、そして物流には莫大なコストがかかるため、トップマネジメントは開発、製造、物流、販売の全体を見渡して意思決定しなければなりません。つまり、**自動車業界では、トップに権限を集中させて意思決定する、シングルＰＣ形態が必要だ**ということです。部下に大きな権限を委譲しにくいのです。

一方、**食品のように開発・製造費が小さく、また市場の志向が季節や流行で頻繁に変わるような業界は、現場に近い中間管理職に開発・製造・販促などを任せて最終的な利益で管理するほうが適します**。多品種ありますから、1つの商品の利益が出なくても、他のところでカバーするということも可能になるのです。

そのCEOのシングルPC発言当時、「日本で車を売るなら右ハンドルや小型車の導入が不可欠」と叫ぶ人は多くいました。たしかに必要ではあるのですが、右ハンドル車の開発には、製造ラインの調整や安全性テストなどを世界規模で行う必要があり、膨大な費用を要します。経営陣にしてみれば、そんな費用をかけるなら新興国でトラックを売ったほうがいい、という判断になるかもしれません。世界中で関連して動いている自動車業界の特性を構造的に考えれば、小さい日本市場の要望を汲むのは容易ではありません。**要領よく出世する人は、その構造的な特徴を把握して行動しているのです**。

私の先輩は、右ハンドルを導入させるにしてもある程度の台数になるように、日本だけでなく各国の担当と連携し、上層部に提案していきました。数量が増えれば1台当たりの開発コストは下がるため、上層部も承認しやすくなるわけです。結果、苦労はされたものの、比較的早く右ハンドルの導入が決まりました。

彼のアプローチはまさしく、**業界特性を把握した上で裁量を理解し、上層部を説得していった**ということです。その後、その動きが高い評価を受け、本社での勤務になり、出世していきました。

1つ注意しなければならないのは、昨今のIT技術の発達した企業社会では、**裁量が小さくなりつつある**ということです。たとえば、金融機関の支店長の融資決裁権限は縮小傾向にあります。以前は支店長が決済できた額も、今では本部決済が必要になっています。

業務ソフトの会社のテレビCMで、驚いたものがありました。経営企画のエリートらしき社員が役員会で、さまざまな分析を駆使して業績報告をしているのですが、社長は窓の外を見たり欠伸をしたり。そしてついには退席し「僕にはこれがあるも〜ん」と言わんばかりに、そのソフトを見るのです。それは経営情報を一元管理するもので、パソコンさえあれば現状分析から予測まで一目で把握できるシステムなのです。

つまりIT技術の進歩によって経営者に情報が集まりやすくなり、リスクの高い権限移譲をする必要性が小さくなるのです。こういった**トレンドも十分に理解して、自分の仕事の裁量をしっかりと認識することが、出世につながる**のです。

20の習慣
3

同僚に勝つことを最優先にしている

「絶対評価」「相対評価」という言葉は聞いたことがあると思いますが、簡単に説明しましょう。

会社では、期初に今期の目標を設定し、期末にはその目標に照らして最終評価を行います。**絶対評価では、目標を設定し、その目標を達成すれば高評価になります。**全員が各自の目標を達成することもあります。

一方、**相対評価では、目標を達成しても（仮に１２０％達成でも）、他の人がより高い達成率だと低い評価しかもらえません。**逆に目標の達成率が低くとも、周りよりマシであればよい評価になります。

会社では、これらを併用しているところが多いのですが、**要領よく出世する人は、この違いをしっかりと認識し、「相対評価」に重きを置いて行動しています。**

商社に勤める友人の話です。彼の会社も絶対評価と相対評価を併用していたのですが、彼曰く**期初目標の設定は「上司の指示に従って適当に」決めていました**。「期末が近づくと、どうせ足りない数字を上乗せされる」のだそうです。そして、ポイントは**「同僚よりも成績を上げること」**だと。そうすれば、大きな仕事が来たときには、上司は自分に仕事を任せてくれる。上司はまさしく相対評価で選抜しているのだというわけです。

役職数は定員制で限りがありますので、昇進は結局のところ相対評価です。同僚も必死でやっているので競争は激しいですが、1年の評価期間を通して、気合いの入れどころや踏ん張りどころのメリハリをつける際には、つねに周りを意識したとのこと。

彼は、つねに同僚よりも成績を上げることを考えて行動し、トップグループで昇進していきました。つまり**「絶対評価があるから自分の目標を目安に頑張ればいい」というのではなく、つねに周りを意識して競争しなければ、昇進などない**というわけです。

それにしても、どうして会社は絶対評価なるものを行うのでしょうか？　絶対評価と相対評価のメリット・デメリットを詳しく見てみましょう。

図表4を見てください。賢明な読者の皆さんはお気づきかと思いますが、絶対評価のデ

図表4　評価の基準　絶対評価と相対評価

	特徴	メリット	デメリット
絶対評価	・職務内容に応じ目標を設定し、それぞれ達成基準を定め、その基準との比較で評価する ・他者との比較は行わない	・ルール・基準が個別に設定され、能力開発に有益 ・目標設定に参画することによりモチベーションが上がる ・自己の目標と結果をベースに評価されるので、納得が得られやすい	・適正な基準作りには多大な時間とコストがかかる ・正しい査定が困難で、勢い評価が甘くなりがち ・評価が処遇に直結するとコスト高になりがち
相対評価	・各評価グループごとに評価結果分布を事前に決めておき、グループ内を比較して評価する ・自己目標との比較ではなく、あくまで他者との比較	・組織内での既存人材の序列が把握しやすい ・人件費コスト管理が容易 ・評価が比較的容易にできる ・組織内に競争心を醸成できる	・チームワークを阻害するリスクがある ・本来達成するべきレベルと乖離してしまう可能性がある

メリットと相対評価のメリットは「経営の観点」である一方、絶対評価のメリットと相対評価のデメリットは「社員の観点」なのです。

要するに、経営側からすると、**昇給やボーナス査定、さらに昇進のようなコストがかかる判断を下す際には、相対評価のほうが都合がいい**のです。一方で、**社員の能力開発などは、社員各自の事情に合わせられる絶対評価が有用**なわけです。

実は、絶対評価だけだと、ほとんど全社員が目標を達成してしまいます。評価するほうからすれば、部下に嫌われたくないし、その後の付き合いも考えれば甘い評価になりがちです。それが人情でしょう。ある私のコンサルティング・クライアントの役員の方は、皮肉を込めて「絶対評価を見ると、当社は目標を達成する優秀な社員ばかりなのに、なんで業績がもっと上がらないのだ?」とぼやいていました。そう言うその役員も、直属の部下はほぼ全員が目標達成でしたが……。

要領よく出世する人は、人事評価制度に絶対評価が組み込まれていても、相対評価は避けて通れないものであることをしっかりと認識して、同僚に勝つことを意識して仕事をしているのです。

20の習慣
4

多様性を楽しんでいる

最近、**ダイバーシティ**という言葉をよく聞きます。ダイバーシティを日本語に訳すと、**「多様性」**となります。

アメリカでは人種問題が中心になるなど、国によってポイントが異なりますが、日本では女性が管理職になったり、外国人を採用したり、中途採用で違うスキルをもった人材を採用配置すること、といった意味で使われています。

本来、**多様な人がいるとコミュニケーションが面倒になり、組織は混乱しがち**です。しかし企業は、多様性による混乱というコミュニケーションコストを踏まえた上でも、多様化を進めようとしています。そして、**要領よく出世する人たちは、このダイバーシティを楽しみ、活用しています。**

金融機関に勤めている友人が**「多様性の高い組織は楽しい。クリエイティブな上、細か**

いことを気にしなくていいから、仕事をしやすい」と言っていました。

日本の金融機関には一流大学を卒業した優秀な人が多いのですが、どうも金太郎飴的で同質的なタイプが多いようです。その中で彼は、商品開発の担当になったのですが、部下として普通の日本人エリート2人に加え、会社の方針で、中途採用の帰国子女と外国人を迎えることになりました。当初は相互理解も大変だったようですが、彼はまず相手を知るためにその外国人の母国語を覚えることから始め、文化的な背景も学んだということです。

その外国人部下は日本語ができるのですが、母国語を学んでくれる上司に親近感をもつのは当然です。また、帰国子女の部下は外国人以上にサバサバしていて部内の付き合いも悪く、最初は戸惑ったようですが、お花見以来、何とか打ち解け始めたとか。

もちろん重要なのは仕事です。彼が実感した多様性の大きなメリットとは、何なのでしょうか？　彼曰く、**多文化での議論はお互いに驚きが多く、非常にクリエイティブなアイデアが生まれやすい**とのこと。

商品は日本人向けであっても、多文化からの視点を入れることによって俯瞰的に日本人の求めるものがわかる。そして、日本人だけだと気づかないような有効なサービスも見えてくると言います。保険商品では、外国の人が気にするポイントを提示され、そこから日本人向けにアレンジすることによって、これまでにないものができるのだそうです（「一族」という言葉を使い、親戚も含めた保険受け取りを提案した外国人もいたようです）。

また、日本人同士の微妙な言い回しや妙な上下関係にとらわれないようにするというルールを決めたことで、メールでもポイントをついた表現が可能になりました。私が、密なコミュニケーションができない弊害は大きくないのかと聞いたところ、日本語の敬語や言い回しなどを考える時間を減らすメリットのほうが大きいとのこと。むしろプライベートで、より日本的な言い回しのよさが実感できているとのことです。

物事にはよい面と悪い面があり、多様性にも当然悪い面があります。日本人特有の阿吽の呼吸による効率的なコミュニケーションは難しくなります。また、外国の会社などでは女性やマイノリティ活用を促進しようとするあまり、さほど能力が高くない人を重要なポジションにつけてしまっているケースを見かけることもあります。

しかしながら、日本の1人・1時間当たりの生産性を見ると、決して高くはありません（2011年のOECDの調査では、日本の労働生産性はアメリカの約3分の2で、イタリアよりも低い。為替レートは購買力平価で計算）。**阿吽の呼吸のコミュニケーションは横並び志向を招くなど、昨今の創造性を重視する社会ではプラスよりマイナスのほうが大きい**のかもしれません。

また、**企業は多様性をもたらそうとして、意図的に組織を混乱させる**ことがあります。ある年功昇進が中心だった製造業の会社では、将来の幹部候補生として100人の外部人材を採用し、重要ポストに配置しました。つまり、企業は異種な人材を入れて組織を活性化させようとしたわけです。組織に混乱は起こりますが、既存組織にこれまでと異なる体験をさせるというメリットのほうが大きいのです。

以前、私の上司だったある会社の社長が言っていました。「生物は生き残るために多様性を高めて環境適応する。一部の個体が適応できずに死んでも、多様性があればそれ以外のものが生き残る。多様な生態のほうが生存率が高い。これは組織も同じだ」。

経営の視点で見ると、多様性は不可欠です。**要領よく出世する人たちは、会社が意図的に起こす「多様性」という混乱に翻弄されるのではなく、「ほら来た！　来た！　来た！」というくらいの余裕の心構えで、多様性を楽しんでいる**のです。

上司の弱みを探し、フォローしている

「能力がない」「戦略やビジョンがない」「手柄を独り占めする」……上司の文句を言う人は大勢います。飲み屋でもランチでも頻繁に聞かれます。日本中の上司のレベルはそこまで低いのでしょうか？　先述しましたが、もう一度はっきり言います。**上司はあなたが思うほどバカではありません**。

考えてみてください。**上司であるということは、少なくともあなたの会社で出世している人たち**です。もし日本中の上司がそんなにダメなら、日本の企業社会はとっくに崩壊しているはずです。

要領よく出世していく人たちは、上司のよいところから学ぶことはもちろん、弱みを見つけてフォローしています。そのほうが結局は仕事が楽になり、成果も上がるからです。

私が以前勤務していた会社の技術部スタッフを誉める上司がいました。詳しく聞くと、自分が慌てていて**仕事の指示がぞんざいなときに、きっちりとかゆいところに手が届くフォローをしてくれる、**と言うのです。

たとえば、指示を出すときに納期をあいまいにしがちだとか、成果の最終アウトプットイメージをクリアに説明せず指示したとか、リソースがあまりに足りないのに無理な指示をした際に、それをきちんと指摘し、補足してくれるのだそうです。

顧客のシステムにトラブルが起きた際、「状況を把握しといてくれ」という指示に対して、「解決のための費用の上限はいくらか?」「今抱えている仕事の納期はどのくらい延ばせるか?」「人員が必要なときは誰を動かしてよいか?」などを素早く確認してくるというわけです。もちろん、そういう指示はそもそも上司がすべきものですが、たしかに仕事が重なると、とくにできる社員に対しては指示があいまいになりがちです。**そこをしっかりとフォローしてくれるのが素晴らしい、**というわけです。このスタッフはほどなく上司の推薦で、海外研修に行くことになりました。

この例は、日常のマネジメントに対するフォローの話ですが、**俯瞰的な観点で、上司をフォローする**ケースもあります。

「第2章1　『上司の上司』視点で考えている」で書きましたが、文句を言う人はPESTから始まるあのフレームワークで考えていないことがほとんどです。**要領よく出世する人たちは、経営層の視点をしっかりと理解しつつ、上司の弱みをフォローしているのです。**

以前、コンサルティングをしていたバイオベンチャーでの話です。社員の意見交換ミーティングの場で、研究員のAさんが疲弊した様子で、次のように言い出しました。「私の上司は酷い。この1年をかけてようやく成果が出始めた研究に対して、突如『その部分は他社の技術を使う』と言って、私の研究をストップさせた」と。「他社の研究成果を使う話なんて、まったく聞いていなかった。社員の研究を無駄にするのか！」とのことです。

すると別の研究員Bさんが、「そんなの当社では当たり前ですよ」と言いました。どういうことかと聞くと「最先端の技術を費用対効果も考えて開発しなければならないベンチャーである当社は、つねに他社の動向も見ている。自分のところで100点に近い技術ができそうでも、時間や費用などを考えて80点でいいからもっと早く導入できるものがあれば、それを導入することは当然ありえる」と言うのです。

この話を聞いて、Aさんも渋々ながら、納得したようでした。

Bさんの見識は、**自社の特徴を高い視点のフレームワークから俯瞰している点が素晴らしい**と言えます。Aさんの「努力したのに報われない」という気持ちは痛いほどわかりますが、非常に限られたリソースの中で利益を追求するベンチャーという組織特性から考えれば、やむをえません。**そもそもAさんの上司が常日頃、会社の特性を社員と共有しておけばこんな問題は起きないのですが、そこをBさんが絶妙にフォローした**のです。

このようなフォローを随所でしていたのでしょう、Bさんはほどなくマネジメントに任用されました。

余談ですが、ある企業では「上司に期待しすぎるからいけない。**『満足度＝現実÷期待度』**なんだから、期待度を上げすぎると不満が高まる。そもそも上司も人間だから、欠点があるのは当たり前」と言う社員もいました。他には**「不出来な上司をもつほどチャンスが多い。そのほうが出世しやすいじゃないか」**とも。たしかに、すごい上司ばかりだと息が詰まるだけでなく、出世の道が閉ざされます。

上司の弱みを見つけたら**「いかに上司をサポートするか」というゲーム**を楽しむ感覚くらいでいるのが、要領よく出世する秘訣と言えます。

20の習慣
6

自社製品の問題点に、いちばんに光を当てている

新橋界隈で飲んでいると、自社製品の文句を言っている人がよくいます。「うちの会社は、競合の二番煎じが多い」「顧客インターフェイスがよくないので売りにくい」「価格が高い」など、いろいろな声が聞こえてきます。

そういう話を聞くたびに思うのですが、**それだけ自社製品が悪いのならば、どうしてその会社は倒産しないのでしょうか。**もちろん、会社によって強み弱みがあるので、競合と比較して不利な点はあるでしょう。しかし少なくとも、その製品が売れ、会社として成り立っているのは、顧客にとって何らかの価値があるからなのです。

要領よく出世する人たちは、自社製品の悪口は言いません。もちろん自社製品の強み弱みはしっかりと認識しています。そして、**弱みをどう克服して、強みをいかに差別化するかを考えている**のです。

地方にある、二十数店舗を展開する中堅スーパーでの話です。近くに、大手スーパーが参入してくる店舗がありました。競合は当然ながら、商品の大量仕入れによるコストダウンで、低価格を実現してきます。こういう場合、自社の文句を言う社員は「当店は値段が高い」「ナショナルブランドの品揃えには勝てない」「競合の大手は新しい店舗で、明るく雰囲気もいい」などと言い出します。しかし、そのスーパーの店長は、**自社の弱みを力バーして大手に対抗する方法はないかと模索**していました。

彼の施策は、そもそも以前からその場で商売をしてきたという強みを活かして、アットホーム感で勝負するというものでした。たとえば、常連顧客は名前までは知らなくともある程度のこと（来店する曜日や時間など）を知っているので、声がけをする。ＰＯＰなどの飾りつけやチラシの広告コピーなどには、これまで以上に親しみやすさを出す工夫を凝らす。

また、地場のスーパーであることを強調するために、より地産地消のイメージを出そうと、近隣農家の野菜の扱いを増やすことにもしました。購買の意思決定には本部の協力が必要なので、本部の購買部とかけ合って企画を通していきました。購買担当者も状況はよく把握しており、地産地消イメージのアップには非常に協力的だったようです。店舗は売上堅調で、その店長はエリアマネージャーに昇進しました。

これは、マーケティングや商品開発の話でもあるのですが、この中には企業人としてのスタンスに関する大きな教訓があります。

スーパーの店長は「**自社の弱みは改善の宝庫。上に認められるチャンス**」であるとよく言っていました。製品でいうと、**自社製品に弱みがあれば、それを克服してくれることほど、経営者としては嬉しいことはありません。**経営者は弱い製品は売れなくて当たり前と思ってはくれないでしょうが、**売ってくれると評価は当然高まります。**売るほうにしても**伸びしろが大きい**ということはたしかで、上層部に売り方や製品改善の提案などをすることで、評価を得るチャンスなのです。

逆に、自分が売っているものが強い商品だと、つらいことがあります。まず、**売れて当たり前**という前提での評価になります。そして、**経営者は当然「さらに売れ!」と言います。**シェア拡大について言うと、たとえば10%のシェアを2割伸ばすのと40%のシェアを2割伸ばすのとでは、後者のほうが圧倒的に難しいでしょう。

商品力が非常に強い会社では、社員の努力があまり評価されないということもあります。

この事例は「第3章3　自分の強みと役割を熟知している」で詳述しますが、商品力が強いと、たとえば開発以外の社員は誰でもかまわない、社員の入れ替えが容易である、などという状況になるのです。逆説的に言うと**「自社製品に問題があるからこそ、社員の仕事があり、給料がもらえる」**のです。弱みのある商品を扱っている社員のほうが、むしろ喜ぶべきなのです。

ブランド力、マーケティング力が非常に高く、主力商品の数品で利益の半分近くを稼ぎ出している飲料メーカーでの話です。主力商品の担当は花形のようですが、ところがどうして、主力であるがゆえに、つねに社長が報告を求め、細かなところまで頻繁に介入してくるそうです。社長の立場に立てば、会社の利益の半分を占める商品であれば、部下に任せ切りにはできません。現場のマネージャーは、トップの判断に従って動くのが仕事になり、ほとんど裁量がないとのことでした。

自分が扱っている製品に問題があるのは、むしろ幸運です。裁量も大きく、勉強にもなりますし、その問題克服の第一人者になれば、評価がグンと高まります。**自社製品の問題点に光を当てるのは、トップから認められる絶好のチャンス**なのです。

20の習慣
7

100点は目指さない

日本社会は、職人芸的なこだわりの世界、いわゆる「匠」を美化します。たしかにその姿勢は、日本の技術力向上には欠かせませんし、1990年代初頭のバブル期までのもの作りを中心とした企業社会では、成功の要《かなめ》だったでしょう。

一方、物事には逆の側面があります。日本の製品がアジアの国々の企業に負ける理由の1つに、高価格で過剰品質という点があります。新興国での市場拡大の担い手である中間層は、職人技的な機能や品質でなくとも、まずまずの品質で低価格のものを求めるわけです。たとえば、プラズマテレビの技術は日本を代表する産業界の匠の1つだったかもしれませんが、価格で苦戦を強いられました。そこまでのニーズはなかったのです。

要領よく出世する人は、匠の世界のよさを理解しつつも、複数の仕事の間でメリハリをつけて、どれもまずまずの合格点をとることを考えています。

ＩＴ企業で営業を担当するマネージャーがいました。彼は、このメリハリを非常にうまくつけていました。彼の扱う分野では、仕事の話が来てから契約に至るまでの期間はだいたい6カ月とのこと。彼の仕事のパターンは、次のようなものでした。

まず、第1四半期は重点顧客の予算どりのサポートに注力します。したがって、**営業数字はほとんど上がりません**。もちろん上司からは、第1四半期といえども売上を求められるので、その最低限の数字は提供します。この時期は、重点でない顧客には、手を抜くわけではないのですが、**怒らせない程度に対応している**ような感じです。

たとえば、質問を受けると、その顧客のために特別に資料を作るのではなく、過去の出来合いの資料を渡したりするイメージです。**お客さんを怒らせない程度のクオリティのものを提供して凌ぐ**というのは、危なっかしいのですが、リソースが限られている以上、やむをえないと言っています。

これは真の顧客志向ではないのかもしれませんが、**少ない100点よりも多くの合格点を目指すという、まさしく「ビジネスの世界」**なわけです。仕事では、**100点が2つあるより、効率よく仕事をこなして70点が3つの210点のほうがいい**わけです。

1年を通して考えるのは当然だと言われるかもしれませんが、一般的に営業マンの方々は、本当にここまで割り切れているでしょうか？　割り切れずに、**「顧客第一」の精神の下、すべての顧客に注力してしまうと部門がもたない**、というわけです。最近流行の「捨てる技術」とも言えるでしょう。

このマネージャーは、営業成績を上げてディレクターに昇進していきました。上司になったら、部下には短期の数字も求めるものの、それ以上に優先順位のつけ方に注意して、マネジメントをしているようです。

これは営業の例でしたが、製造業でも同じく、匠の世界にこだわりすぎずに成功している会社があります。大阪のあるメーカーは、技術力が非常に高く、社内でコンテストを行って技術力を競うくらい、「匠の力」を磨くことを奨励しています。しかし、実際の出荷では、それは控えめにしか出さない。納期やコスト、さらにはその商品が最終製品としてどう使われていくのかまでも考え、適度な品質を保つように指導していました。本当の意味での「顧客ニーズ意識」の徹底です。匠との両立は素晴らしいと思います。

そもそも匠的な志向は、プロダクトアウト傾向という問題を内包しています。いいものを作るのは重要なことですが、そこにどれだけの顧客がいるかを考えず、いいものだったら売れると考えるのは間違いなのです。

そうではなく、マーケットイン志向、たとえば最近よく言われる「モノ作りより、コト作り」が重要なのです。モノを作るよりも、お客さんがモノの消費を通してどんなコト（イベント）を楽しもうとしているかを把握して、商品を作ることが大切なわけです。

過度な匠への志向が独りよがりの世界を作り出し、顧客志向を忘れてしまっては本末転倒です。あえて言わせていただきますが、「匠の世界を求める」ことが非効率をごまかす言い訳に使われているケースも多いのではないでしょうか？　あらゆる仕事で100点をとることは不可能です。そういう**完璧主義を気取った人に限って、間違った優先順位をつけ、顧客よりも自分の興味を重視したプロダクトアウト志向に陥りがち**なのです。

「匠」を目指す心構えは、仕事に取り組むスタンスとして重要なものですが、そもそも私たちの仕事の多くは、匠的に集中して1つのことを突き詰めるようなものではありません。企業人は、**費用対効果も考えながら、複数の仕事を進めなければならない**からです。

要領よく出世する人は、匠的に集中する姿勢と、見切りのバランスにつねに気を配っているのです。

20の習慣
8

プレゼンのトレーニングには努力を惜しまない

日系、外資を問わずよく聞かれる話に、「あいつはプレゼンテーションがうまい！　だから出世したのだ。仕事では大した成果を出していないのに……」というものがあります。**プレゼンテーション能力は、仕事をうまく見せるだけの小手先の技術**のように言われる傾向があるのです。しかし、**要領よく出世する人は、「プレゼンテーションの能力は必須。これなしに出世はありえない」とまで言い切ります。**

プレゼンテーションとは、自分がやっている仕事や成果を、上司や関連部署、顧客などに説明する作業です。

私がコンサルティングをしていた大手電機メーカーの関連会社では、親会社の担当役員が定期的にレビューに来ます。営業、人事、ファイナンス、開発関係者も出席して現状報告を行うのです。そのときに、非常にうまいプレゼンテーションを行う開発部門長がいました。

彼は、親会社への要求を実現するためのコストとリターンを、きちんと数字で提示していました。それもワースト、平均、ベストというシナリオに分けて、期待値を提示します。また、自部門の要求を全面に出すのではなく、要求をある程度呑んでもらえると親会社にもメリットがあることを強調する。そして、**相手の関心事にヒットするような内容を中心に説明**する。

つまり、親会社の関心事である「競合よりも早く製品を出す」ためにはどのような投資が必要で、そのコストはいくらくらいか。そして、それにより得られるメリットは最低でもいくらで、平均はこのくらいでベストだといくらになる。これは、本社の今年の計画達成の助けにもなる、というようなことをプレゼンテーションするのです。

この開発の責任者は、なんと親会社の部長として登用されていきました。

多くの人のプレゼンテーションは、○○がほしい、△△がないと仕事が進まないといった、**こちらの都合を訴えることに注力し、相手のメリットに訴求していないのが実情**です。これでは、聞いている相手は積極的にはなれません。**いいプレゼンテーションとは、立ち**

居振る舞いのカッコよさや話し方の流暢さではなく、相手の関心事をとらえて話を組み立てることです。それができる人たちが出世するのは、当たり前です。

もちろん、伝えるためのテクニックも重要です。たとえば100の内容のものをもっていても、プレゼンテーションがお粗末で50しか伝わらなければ、相手は50のものしかもっていないと思うでしょう。うまいプレゼンテーションで100を100のまま伝えることが重要なのです。たまに、50しかないのに100のように伝える素晴らしい（？）技術をもっている人がいますが、この場合、**仕事をしたらすぐに馬脚を露わす**ので、長続きはしません。

プレゼンテーションだけで出世できるほど、世の中甘いはずはないのです。プレゼンテーションの技術は、出世のための必要条件ではありますが、十分条件ではないのです。

コミュニケーションにおいては「質問力」が重要だと言われており、書籍もいろいろと出ています。ただ、**顧客や上層部の人たちは普通、いい質問なんかしてくれません**。

私の知人のある外資系企業の人事ディレクターは、上層部は本当に質問がへただと言っていました。米国本社の人事担当副社長が来たときに必ず聞かれるのは「How's ○○ doing?」だそうです（○○には、日本法人の社長の名前が入ります）。「How are you doing?」が「元気にしていますか？」ですから、直訳すれば**「〇〇社長は元気にしとるのかね？」**という意味になります。非常に漠とした質問です。

これに対する返答は、**「はい、元気にしています」だけでは、もちろんいけません。**

「まずまずうまくやっています。主力製品の出荷時期については本社部門との調整に苦慮しているようですが、何とか計画どおりに進んでいるようです」「製品拡販のための外部採用に関しても、部門長以下に協力してもらっているので順調に進んでおり、今月も2人の管理職が入社します」「ただ、予定人員だけだと人手が十分とは言えず、要員計画の見直しの要望を本社部門に出すことを検討しています」などと答えるわけです。こういう話をすれば、人事担当副社長も、本社部門の担当役員にひとこと口添えしてくれるでしょう。

この本社の人事担当副社長が、本当に質問ベタだということではありません、どれだけ状況を説明できるのかを試されているのです。この人事ディレクターもそれは当然わかっているので、きちんと対応しているようです。

相手が欲している情報は何かを考え、それをしっかり提供する。まさしくこれこそが、うまいプレゼンテーションなのです。

20の習慣
9

言葉の定義をしっかり意識している

言葉というのは、扱いが難しいものです。意味を広くとれる「ビッグワード」と言われるあいまいな言葉がよく飛びかっています。言葉はしっかりと意味を認識しながら使わないと、大きなコミュニケーションロスを招きます。**要領よく出世する人たちは、使う言葉を選別し、誤解を避けるためにしっかりと意味を定義して使っています。**

以前、ある中堅食品メーカーから「各営業所の責任を明確化したい」というコンサルティング依頼を受けました。社長と話すと「今は各営業所を売上高で評価している。目標売上高を設定して、その達成率が営業所長の評価となる」ということでした。私は社長に「すでに明確になっているのではないですか？」と聞くと、社長は「営業所長からは『不明確なのでやりにくい』と言われている」とのこと。

何が問題なのかを確認するために、営業所長の皆さんから意見を聞いたところ、以下のように言われました。

「責任の所在が不明確だ。自分たちの努力が業績に反映されない。みすみす売上を逃すことが多くある」

「値引き権限が一切なく、そのつど本社にお伺いを立てなければならない。地元スーパーのバイヤーとの商談では、リベート率を逐次交渉するが、その際、素早い提案ができず棚とりの機会を逸することが多い」

「我々は無理な値引きなどしない。信用して裁量を与えてくれれば、顧客に早い判断を示せるし、自分たちも頑張れる」

ここでAさんという営業所長が、**「それは責任の明確化の問題ではない」**。権限を委譲して素早く動きやすくしてほしいということ。そうすれば、モチベーションも上がり頑張れるという意味だろう」と言いました。その上で、以下のような評価基準を提案したのです。

「値引き権限は一定枠とする。製品ごとに標準原価を定めて、売上高から標準原価を引いた利益で営業所長を評価する。値引きしてほしくない商品は標準原価を高めに設定すればいいし、そうでないものは低めに設定する。これによって営業所長の裁量も増え、動きやすくなるし、安易な値引きも防げる上に、責任の所在も明確になる」と。これは名案だと思います。

もうお気づきかと思いますが、ここでのポイントは、Aさんが**「責任の明確化」という**
あいまいなビッグワードの意味を掘り下げ、ポイントをしっかりと押さえていたことです。①誰の（営業所長の）、②何についての（権限委譲と評価の）、③どういう問題（営業中に素早く動けない）なのかというところを詰めて考えられていたわけです。

「責任の明確化」以外にも、私たちの周りには、意味を何とでもとれるビッグワードが溢れています。その意味を明確に理解するよう、努めてください。

次に、**「似ているが意味が違う言葉」にも気をつけましょう**。たとえば、「効率的と効果的」「問題と課題」のようなものです。

効率的と効果的の違いは何でしょうか？　たとえば、追試を受ける2人がいたとします。Pさんは追試の勉強を1時間しかしなかったけれど、70点とりました。Qさんは20時間かけて71点だったとします。すると、PさんはQさんより効率的だったと言えるでしょう。

しかし、追試の合格点が71点の場合、効果的だったのは合格したQさんで、単位がとれなかったPさんは効果的でなかったことになります。

つまり、**効果的というのはある目標を達成したかどうかで判断する**のに対し、**効率的というのは投入した労力に対してリターンがどの程度だったかで判断する**ため、目標を達成したかどうかは問いません。ずいぶん違いますね。

問題と課題はどう違うのでしょうか？　**問題というのは、あるべき姿と現状とのギャップです**。ですから、目指すもの、あるべき姿が低ければ、問題は少なくてすむのです。だから、問題が少ないことは、必ずしも優れた状況ではありません。優勝を目指すチームは2位だと大問題ですが、優勝争いをするだけで満足するチームは、2位で十分なのです。

では、課題とは何でしょうか？　**課題とは問題を解決するための施策、打ち手のことで**す。読者の皆さんには、このあたりをしっかりと把握していただきたいところです。

言葉というのは、人類を人類たらしめ、文明をもたらした大きな道具ですが、高度に発達した現代社会は複雑さを極めているため、扱いには十分な注意が必要です。**要領よく出世する人たちは、ビッグワードや似て非なる言葉をしっかりと認識して使う習慣を身につけています。**

20の習慣
10

「制度」と「運用」を分けて考えている

会社では人事制度や営業プロセスなど、さまざまな制度が運用されています。制度はしっかりと運用してこそ、その制度が果たすべき目的が手に入ります。**要領よく出世する人たちは、この「制度」そのものと「運用」の違いをしっかりと認識しています。**

人事制度でいうと、成果主義という言葉が聞かれて久しくなりました。企業が存続するために必要な「成果」を中心に、人事の評価を行うというのは間違いではありません。

もちろん「第1章3　年功序列も実力主義になると理解している」で書いたように、成果をもたらす能力が「年功」に比例するものであるならば、年功主義でもかまわないのです。ただ、昨今のような変化の激しい時代では、アグレッシブな努力、慣習にこだわらない創造力が成果をもたらします。年功は会社業績に直結する要素ではなくなってきたため、最近は現実的にもたらされた具体的な成果で評価しようという流れになっているのです。

あるＩＴ企業で人事企画を担当していた、私の知人の話です。彼の会社では年功的な要素を大きく含んだ処遇体系が、成果主義に転換されました。最近の例で言えば、日立製作所も管理職から年功要素を完全に排除する、という報道がありましたが、知人の会社は10年以上前にそれを実施したわけです。

当初は「成果主義というのは日本人には馴染まないシステムだ」という声が大きかったようです。いちばんの理由は、チームワークを阻害するからだと。ＩＴシステムは１人では作ることも売ることもできない。営業段階から導入まで、多くの人が関わるため、チームワークは不可欠である。成果主義だと自分のことだけを考えギスギスして、失敗を他人の責任にしがちになる、という批判です。

そういう批判をしている周囲に対し、私の知人はこう言ったそうです。「成果主義という制度は避けて通れない必須のものだ。会社に必要な成果を出す人が評価されるのは当然だし、これまでぬるま湯だった社員間の競争も促進できる」「優秀な人材を採用・確保し、彼らのモチベーションを高めるためにも不可欠である」**「一方で、成果を適正に評価し、競争の中でも足の引っ張り合いなどがない健全な風土作りは重要」**。つまり、「制度の問題」と「運用の問題」を峻別しようというわけです。

上層部は成果主義の導入を急いでおり、私の知人である人事企画担当にプレッシャーをかけてきたそうです。1月に指示が出て翌年の4月施行とのことで、決して十分な時間があるわけではありませんでした。

そんな中で彼は、**スケジュールは守るので、導入のための費用、とくに研修やマネジメント・コミュニケーションに関わる費用を要求した**そうです。彼曰く、「制度の設計はさほど難しくはないが、企業文化に大きな変化をもたらす施策である以上、**その導入と運用の過程が鍵になる**」と。

よい制度でも、運用がしっかりしていないと瓦解します。成果主義というよい制度を最大限に活かすためにするべきことは、**制度のよいところは維持しつつ、運用を工夫することで副作用を小さくする**ことなのです。

彼が展開した運用面の施策は、次のようなものでした。まず、結果評価の公平性をできる限り高めるため、管理職の評価者研修を充実させました。管理職全員が、泊まりがけの評価者研修を2回受けたそうです。そして、成果主義のために給料が減ってしまう人が出るのですが、その人たちには3年間の激変緩和措置を設ける。また、制度設計に組合や一部の管理職を参加させ、共同体意識を高める。そして経営者から成果主義導入の理由を社員に十分に説明してもらったとのことです。その内容は「成果主義導入によって会社の業績が上がれば、社員に還元する。平均的には社員も恩恵を受ける」といったものでした。また、2年後に問題点を洗い出し、必要であれば見直しも行うことを明確にしたそうです。

一般的に、制度と運用をごっちゃにして、やるべきことを誤るケースが多いのです。成果主義に対する批判は、その典型でしょう。**要領よく出世する人たちは、この「制度」そのものと「運用」の問題の峻別をしっかりと行っているのです。**

20の習慣
11

確率を冷静に見ている

「第1章4『実力』だけでは出世できないと知っている」のところで、実力は必要条件である、という話をしました。実力が伴わないまま幸運で昇進したとしてもすぐに馬脚を露わすので、実力は必要なのですが、ビジネスに限らずいろいろな分野、たとえばプロスポーツでさえ、成功するには「運」が影響します。ところが、その「運」の中身をしっかりと見極めないで、都合よく決めつけている人が多くいます。**要領よく出世する人たちは、確率の概念をつねに念頭に置き、経営の視点で「運」を冷静に見ています。**

1つ前の「制度」と「運用」の問題で書いた「成果主義」の話で考えてみましょう。成果主義には、過程を見る「プロセス重視」と、より結果に重きを置いた「結果重視」の2種類があります。**プロセス重視の成果主義とは、結果のよし悪しは本人の努力だけではなく、環境要因にも影響されるので、プロセスを見極めよう**というものです。たとえば、営業績が伸び悩んだとしても、たまたま対応したお客さんに問題があったからかもしれません。逆に、さほど努力せず幸運で売れることもあるためです。一方、**結果重視では、プロセスは個人の裁量に任せ、運・不運も含めて結果を中心に評価します。**

両者はもちろんゼロイチではないのですが、評価方法としては、どちらのほうが優れているでしょうか？

一般的に、「プロセス重視」のほうが優れていると言う人が多いようです。「努力は正当に評価するのが正しいから」と。たしかに評価は公正であるべきだし、そのほうが社員のモチベーションも上がりますよね。では、具体例として、次のケースで考えてみてください。

ある洋品店の、フロア担当マネージャーの話です。その店では評価制度が整っておらず、販売員の評価はフロア担当マネージャーに任されていました。さて、あなたが彼女の立場だとして、部下の評価をつけるには、顧客対応などのプロセスで見るのがいいか、売上といった結果で見るのがいいか、どちらだと思いますか？　この後を読む前に、まず考えてみてください。

「プロセス重視」だと思った方は、「たまたまよい客に当たるといった、能力と関係のない要素で評価が決まるのは不公平だ」と考えたのだと思います。洋品店の販売では、来客順に手の空いている者が対応するのですから、売上は運の巡り合わせに左右される、というものです。

しかし、何かおかしくはないでしょうか？　たしかに偶然、よいお客さんに当たることもあるでしょうが、**そこには確率の視点が含まれていません**。サイコロを2～3回振るなら、たまたま1ばかりが出ることもあるでしょうが、１０００回も振れば、だいたいそれぞれの目の出る確率は6分の1になります。洋品店の販売員が、毎回のように不運なお客さんに当たることはありません。**長くやれば、確率上、お客さんの質は均等になります**。もし本当に、いつも不運だという人がいたら、ビジネス書でなく占い本をお薦めしなければなりません。

フロアマネージャーの彼女は、**部下を売上のみで評価**しました。運不運は、毎日仕事をしていれば考慮する必要がないわけです。ただ、顧客が多く高い売上が見込める週末勤務については、公平を期して希望のないかぎり均等に担当を配置したようです。彼女のフロアは売上を伸ばし、他のところにも同様の制度が入ることになったようです。

「確率で見るのは当たり前」と思われたかもしれませんが、皆さんは先ほど、プロセス重視と結果重視のどちらを選びましたか？　私の経験では、**多くの方がプロセス重視を選びます。現実の職場では、この確率を押さえない誤謬が頻繁に起こっています。**一方で、**要領よく出世する人たちは確率の概念をつねに念頭に置き、「結果重視」のほうが優れていると考えます。**

プロセス重視は、確率を無視しているだけでなく、評価コストが高くつくというデメリットもあります。洋品店の例では、販売プロセスの評価は困難です。プロセス監視員のような人を配置するのでしょうか？　人員コストを考えれば、店長でさえ接客の前線に出るわけですから、現実的ではありません。つまり、販売員の場合は、結果重視が、経営の視点からも社員の視点からも合理的かつ現実的なのです。

もちろん、**プロセス重視と結果重視のどちらが適切かは、業界によります。**鉄道会社などでは、プロセス順守が企業生存の鍵で、事故が起こったかどうかなどという結果では評価しません。マニュアルがしっかりとあり、プロセス評価が容易な場合は、プロセス重視にすべきです。

この点は、本書で何度も繰り返しているように、環境によって異なるわけです。ただ、**私たちは一般的に確率を無視しがちであることは、押さえておく必要があります。**

20の習慣
12

どんな年齢の人とも打ち解けている

企業でよく聞く言葉に「若手」というものがあります。「新製品プロジェクトを立ち上げるにあたって若手を集める」「ダイバーシティに関して、部内の若手でまず議論して提案せよ」などです。こういう話を聞くといつも思うのですが、**若手って何歳のことを言っているのでしょうか?**

昨今の企業で**要領よく出世する人を見ると、年齢にこだわらない人が多い**です。年長だからとか、何歳だからなんていうことには、さほど意味がないと考えているのです。

アメリカで働いていたころの話です。「日本から大学生を夏期留学で受け入れる」というプログラムがありました。研修内容は決まっているのですが、デトロイトやミシガン州についても知ってもらおうということになり、週末にエンターテインメント・プログラムを組むことになりました。当時の私のアメリカ人上司は50代半ばで、日本人の私と、その他20代のアメリカ人男女に話し合ってくれないか？　と言ってきました。

日本だとそれこそ「若手」だけで話し合うことになるのでしょうが、なんとアメリカ人上司が輪に入ってきて「デトロイト・タイガースならよい席のチケットをとれる」とか「知人でセスナ機をもっているのがいるから、ミシガン湖や平原を空から観てもらうのもいい」だとか、いろいろなアイデアを出すのです。アメリカというのは、年齢の上下を気にすることなく、お互いをファーストネームで呼び合うというのはよく知られていますが、なるほど**アイデアを出すときも対等**です。

セスナの保有者が知人にいるとか、いいチケットを手に入れるつてがあるとかいうのは、さすがに経験豊かな人（ご年配）だからもっている人脈のなせる業です。高いポジションにいる人事の責任者ですから、そう頻繁には顔を出せないでしょうが、若い世代と交わり、自分も対等にアイデアを出すというのは素晴らしいことです。これは海外の出世例ですが、**日本企業で働く社員も、学ばなければならない**ことに違いありません。

年齢と経験はだいたい比例しますから、年齢が高いほどノウハウ蓄積も多いでしょう。一方で、過去の既成概念にとらわれがちであるというデメリットもあります。だからこそ「第2章4　多様性を楽しんでいる」で述べたように、若い人に交じって議論して、新しいものを作り出す努力が必要になってくるわけです。「若手にプロジェクトをやらせて」という場合は、往々にして「上から目線」で指示し、出てきた提案に対しても「上から目線」の価値観で審査しがちです。画期的なものが受け入れられることはなく、プロジェクトの「若手」も上層部受けのよいものを作りがちになります。**意識して年齢の多様性を作ってこそ、経験と創造の融合で、新しいものが生まれる**のではないでしょうか。

面白い話があります。私が30代半ばのころ、私の上司やその同僚は50歳前後で、私のことをよく「村上君はまだ若いね」と言っていました。自分としては、もういい年なのにと思っていたのですが。あるとき、顧問の方（65歳くらい）が私の上司の年齢を尋ねるので「50歳くらいだと思います」とお伝えしたら「50といえば酒もうまいし、飯もうまいし、女性とも遊びたい年頃だな……」と言うわけです。**誰が「若手」なのかは、その人の主観次第**なのだと、改めて感じました。

別の例ですが、メガバンクに勤める私の友人が40歳過ぎのころ、お客様のところで、75歳の社長が65歳の専務をつかまえて、私の友人に「こいつはまだ若いので、ご指導をよろしくお願いします」と言ったそうです。その専務さんは、彼の父親と同じ歳だったようです。当たり前ですが「いくつになっても、自分より年下の者は若い」ということなのでしょう。であれば、年齢で他人や自分を決めつけないで、何歳でもチャレンジしたり、反省したりすればいいのです。**要領よく出世する人たちは、年齢に関係なく、さまざまな年代の人とどんどん打ち解けていきます。**上から目線で相手の意見や考えを否定したりするようでは場がしらけますが、仲間であるという雰囲気を出し、経験値を発揮してどんどんアウトプットを出していけば、重宝されるはずです。

人口減少が続く日本社会では、高齢者活用という言葉が叫ばれていますが、年齢を超えてお互いをリスペクトし、対等に接し合える文化のベースなしに高齢者活用と言っても、若い人からすれば、年上の人は頭が固いから嫌だと思ってしまいがちです。

ダイバーシティがとくに必要になる社会では、**どんな年齢の人とも相手をリスペクトして打ち解け、自らの経験をシェアする**ことが不可欠です。労働力人口が減っていく中では、体力さえ維持できれば、その経験はいい仕事をし続ける糧になります。**要領よく出世する人は、年齢に関係なく相手をリスペクトし、一緒に課題に取り組むという姿勢**をもっているのです。

20の習慣
13

成功したときこそ反省している

ＰＤＣＡサイクルという言葉を聞いたことがあると思います。まず計画（Plan）してから実行（Do）する。そしてそれを検証（Check）し、修正を加えて（Action）いくというものです。過去を振り返り、原因を探る重要さを強調しています。

以前、ＩＤ野球と言われたヤクルトの野村克也監督が選手に語っているのをテレビで観たことがあるのですが、まさしくこのＰＤＣＡサイクルの話をしていました。野球というスポーツの世界でも、「なぜあそこでヒットを打たれたのか？」などを徹底的に考え、次の試合に備えないといけないということです。

多くの人はこのように、失敗を振り返ってＰＤＣＡサイクルを回していると思いますが、**要領よく出世する人は、とくに成功体験を積んだときに、このＰＤＣＡサイクルをしっかり回しています。**

以前勤めていたIT企業に、優秀な営業マンがいました。彼はつねに、**成功した商談を振り返っていました**。企業の基幹業務ソフトを売るのですが、「なぜ今回は比較的早く契約できたのか？」「どうしてあのクライアントにはスムーズに売れたのか？」など、うまくいった例をつねに気にしていました。たとえば、クライアントのサーバーと当社のソフトの相性がよかったのか。会社の中で発言力の高い人とうまく交渉が続けられたのがよかったのか。あの機能を強調したのがよかったのか。そういったことを、しつこいくらいに吟味していました。人事のソフトもラインナップにあったので、人事部のニーズを私にもいろいろと聞きに来たものです。

彼はその後、営業の力が評価されてさらに大きな顧客を任され、出世していきました。

部下にバカにされる上司の発言の典型として「俺はかつてトップセールスだった。なぜ、君たちは売れないのだ。俺は売ったぞ。言ったとおりやれ！　今までこれでやってきたのだ！」というものがあります。たしかにそういうことを言う上司は、一時は一世を風靡したのでしょう。しかし、ここで重要なのは、**過去と今とでは環境が違うし、環境が違えばやり方も異なる**ということです。

昨今のビジネス環境は激変しています。**「過去の栄光はむしろ、成功の妨げになる」**というくらいの意識が必要なのかもしれません。

もっと当たり前な例で言いますと、**「夏は暑いので薄着になるが、冬は寒いので厚着になる」**のと同じこと。環境が変われば着るものも変わる。夏は薄着で気持ちよかったからといって冬も薄着では風邪をひくし、逆に夏にコートを着込んでいると変人と思われてしまいます。

「環境が変わっているのに、昔の成功体験を後生大事にしていてはいけない」ということです。ただ、こんな上司をなかなか笑えません。けっこう多くの人が同じワナに嵌まっています。一方、**要領よく出世する人たちはしっかりと成功体験を反省している**のです。

前述の野村監督が「勝ちに不思議の勝ちあり。負けに不思議の負けなし」と言っていました。つまり負け試合の理由はわかりやすいが、勝ち試合では「こんな無様な試合で勝てた理由がよくわからない」ということがあるのでしょう。

ビジネスは野球よりもさらに複雑なので、比較は容易ではないでしょうが、**失敗よりも成功の原因分析のほうが難しい**ものです。ましてや仕事をしている者の立場からすれば

「ただでさえプレッシャーの中で仕事をしていて失敗は反省しなければならないのに、成功事例までいちいち振り返るのは疲れる」と言いたい気分もわかります。しかし、**成功体験を反省するのは、ビジネスにおける必須事項**なのです。

環境が変われば対応も変えるべきというのは、頭ではわかるのですが、人はよき思い出に浸りたいものです。前述のように、ワナに陥っている上司はよく見えるのですが、自分が陥っているときにはなかなか気づかないものなので、注意が必要です。

最後にもう1つ、野球の話で恐縮ですが、中日ドラゴンズに山本昌という投手がいます。2014年に49歳で勝ち星をあげた現役選手ですが、彼の名言があります。それは**「維持するために進化する」**。自分の体の衰えも環境変化の1つ。だから維持するためには、つねに進化を模索する必要があるということです。ビジネスの世界でも、成功体験をつねに振り返り、進化し続けなければならないのです。

自分の「普通」をつねに疑っている

アメリカのネゴシエーション（交渉術）の教科書に**「相手の靴を履く」**という言葉があります。学校の先生や両親からも言われた**「相手の立場でものを考えなさい」**ということです。「子供じゃあるまいし、何をいまさら」と感じる読者もいらっしゃるでしょう。

しかし、これがいまだにネゴシエーションの教科書に出てくるということは、いかに私たちが「相手の立場でものを考え」られていないかということの証でもあります。どうして相手の靴を履くのが難しいのか？　それは、**人は注意していないと自分は普通だと思い、自分の観点で他者を見て、自分と同じように判断すると思いがち**だからです。

一方、**要領よく出世する人はつねに自分の普通を疑い、「自分の考えは一般とどの程度、どう違うのか？」を探っています。**これを知ることが「相手の靴を履く」秘訣なのです。

ある営業マネージャーの話です。彼はアグレッシブで、転職でキャリアアップし、着実に収入を上げていました。私はそのアグレッシブさこそが、営業で成果をあげられた鍵だと考えていたのですが、それは違いました。

彼は常々、**「自分は周りとは違うことが多い。だから周りと接するときは、場面ごとに何がどう違うのかを意識しながらコミュニケーションしている」**と言っていました。その具体的なやり方は、次のとおりです。

営業成績への執着心や負けん気の強さ、プライベートの付き合い、事務処理がマメかどうか、夜型か朝型かなど、人にはいろいろな特徴があります。彼はその**特徴ごとに、自分と他人を「とても強い」（10％）、「強い」（20％）、「どちらとも言えない」（40％）、「弱い」（20％）、「とても弱い」（10％）の5つに分類して考えている**そうです。そうしないと、往々にして「自分が普通」だと勘違いしてしまうからです。

自分の普通を疑い、自分の位置をつかむことで、他人との接し方を工夫できると言うのです。

たとえば、営業成績への執着心で言うと自分は「とても強い」に入る。だから部下と接するときには自分と感覚が違うという前提で、営業成績の大切さを十分に説明する。事務処理のマメさについては、自分は「弱い」ので、部下はだいたい自分よりもできている。だから、あまり時間を使って説明しない。そんな具合です。

これだけ聞くと簡単そうですが、頭ではわかっていてもなかなかできないもので、その理由は**自分が普通だと思い、自分の「普通」を相手に強要するから**だということです。「人を見て法を説く」という言葉がありますが、相手の状況を把握して対応することが重要なのです。なかなか難しいことですが、うまくやるコツとして、自分の普通をつねに疑い、自分と相手の特徴のズレを把握し、それから対応すべきということなのでしょう。

企業レベルでも、これと同じような困難があります。1990年代後半に、ある日本の自動車会社で、初めての早期退職プログラムによる人員削減が行われました。退職勧奨を受ける社員は、長期勤続者が多いため会社への愛着心が強く、年齢的にも転職は難しいので、会社の上層部は容易には退職勧奨には応じないだろうと読んでいました。

ところが、いざ蓋を開けると、つまり退職申請の申込日の受け付け開始時間になってみると、あっという間に定員以上の応募者が殺到し、締め切らざるをえなくなったそうです。退職勧奨を受けて泣く泣く申し込みに行った人の中には、早々に締め切られたために、退職申し込みが受け付けられなかった人もいたそうです。つまり、**会社の上層部は、愛社精神が強いのが「普通」だと思っていたのに、社員はすでに会社を「見切っていた」**のです。会社の上層部をはじめ、人事部も、「相手の靴を履いていなかった」のです。

ある外資系IT企業では、社員を大切にすると謳い、業績が苦しいときにワークシェア（社員を減らすのではなく仕事をシェアし、1人ひとりの給料をまんべんなく下げる施策）を導入したところ、優秀な人材が大挙して辞めたそうです。時はドットコムバブルの時代でした。優秀なエンジニアの方々は、ワークシェアで減給になるくらいなら、リスクをとってでもベンチャーに行って一花咲かせたいと考えたわけです。

これは、**「社員を大切にする」ことの意味を、相手の靴を履かずに考えたのが原因**です。ドットコムバブルの時代には、**「雇用維持」は必ずしも優秀な社員を大切にすることにはならなかった**のです。

企業のケースでも、基本的には経営陣が自分の「普通」を疑わなかったことが問題の原因です。**自分の普通を疑い、場面ごとに自分の位置づけを考えることが重要なのです。**

20の習慣
15

能力を定期的に棚卸ししている

本書で何度も言及していますが、昨今のビジネス環境の変化は凄まじいものです。マイクロソフトがIT界のジャイアントであったかと思えば、その後ウェブ・ブラウザのネットスケープ、ポータルサイトのヤフー、検索のグーグル、SNSのフェイスブックなどが登場し、業界地図が激変しています。もちろん、アップルやサムスンなどのメーカーも、変化を受け止めながら発展しています。

要領よく出世する人たちは環境変化を分析し、自分がどう変わるべきかをつねに考えています。「第2章13　成功したときこそ反省している」で書きましたが、要領よく出世する人は過去を振り返り、失敗したときも成功したときもその要因分析を行い、それを踏まえて自ら変化する、いわゆる**「自己変革力」**をもっています。その過程では、**自分の能力を定期的に棚卸しし、自分の仕事環境に照らしながら、伸ばすべき能力、補うべき能力を**

確認することが大切になります。

昨今は、能力が低くなくとも、能力が会社の事業に合わなくなると、リストラもありえる時代です。グローバル化が進む中、定型業務は海外に移管され、経費請求などは社員自らが社内システムで処理するようになりました。こうなると伝票処理能力は不要になり、システムの構築やその運用技術が、必要なスキルとなるわけです。私たちはこのような**仕事環境の変化を注視し、自分の能力を棚卸ししなければならない**のです。

私の友人に、余人をもって代えがたい能力をもちつつも、つねに自己変革を心がけ、成功を続ける人がいます。彼はアジアのある国でビジネスを成功させ、非常に広範な人脈をもっていました。その国の有力実業家ともつながりがあり、今はその企業ファミリーの一員として仕事を続けています。

しかし、彼の弁によると「今後は隣国がさらなる新興国として台頭するので、新たな知識や人脈も必要になる」とのこと。今のままだとまずいと、積極的に新たな人脈開拓に動いていました。海外では1つの国でも人脈作りは容易ではないと思いますが、それを継続させて努力しているのです。

一般の企業人にとっても、自分の能力を棚卸しして開発することは、必須の課題です。能力の棚卸しや開発を会社任せにしているなどというのは、危険極まりない状況です。**会社が人生を背負ってくれ、それを望むなら話は別ですが、そんな会社はないでしょうし、この本の読者の皆さんであれば、人生を会社に預けたいとも思わない**でしょう。つねに自己変革を考える必要があるのです。

こういう話をすると、「能力開発は時間がかかる。たとえば伝票を処理していた経理担当が、いきなりイントラでのシステムなんか作れない。アジアで人脈形成をしている話はたしかにすごいが、レアケースだ」という反論が聞こえてきそうです。しかし、大切なのは**「やらなければ生き残れない」**と認識すること。そして、棚卸しから能力開発というのは、環境が変わってから慌ててやるのではなく、**普段から気をつけて継続することで、徐々にやっていれば可能だ**ということです。

環境の変化は「第2章1『上司の上司』視点で考えている」で書いたフレームワークをベースに考えることです。たとえば、伝票処理に長けていた経理マンであれば、ＩＴ技術の進歩とともに起こる変化が予想できるはずです。であればいち早く、ＩＴ技術を身につけるか、あるいはそういったシステムを作るＩＴエンジニアにシステム構築をアドバイスできるように、会計学全般の知識を勉強して身につければいいわけです。また、伝票処理のような定型業務ではなく、会計部門でも意思決定に関わる管理会計を学ぶこともできるはずです。

アジアで活躍している私の友人は、アジアの他の国々の経済や政治の動きを睨み、自分が得意とする人脈や経済活動が将来的にどのように変遷していくかを日々ウオッチしています。だから、継続的な人脈形成が可能なのです。急に、１年間で他国に人脈を作れと言われても、できる話ではありません。

以上のように、**日々環境の変化を見極めながら、自分の能力がそれに合っているのかを確認し、つねに自己変革の意識をもって能力を開発していくこと**は、出世するためには不可欠なのです。

20の習慣
16

まずは人の話を聞いている

外資系企業で成功するには、自己主張が重要とよく言われます。文化的側面からも、欧米文化は自己主張が強く、日本の「謙譲の美徳」的なものとは対照的だと言われています。しかし、外国の会社で出世している人を見ると、彼らの自己主張は日本人が一般的にイメージとしてもっている自己主張とは大きな隔たりがあります。実は**要領よく出世する人ほど、そんなにやたらと主張しない**のです。また、その主張の方法は**相手の立場をおもんぱかった、非常に配慮の多いもの**です。

アメリカの会社にいたころに、本社である会議に参加しました。議題は「アジア太平洋地域でのオペレーションで、いかに人員をシャッフルするか？」でした。国をまたいで研究所を移動させるため、人員整理と採用を同時に行わなければならない難題でした。

会議の参加者は、部門長と部門人事部長、各国の人事担当の合計8人ほど。難しい内容なだけに会議は白熱しました。参加者は自己アピールの機会とばかりに発言します。私も入り込みはしますが、悲しいかなネイティブではないために、途中で遮られることも多くありました。参加者は存在感を示すためにも何か言おうとするあまり、いかんせん議論が散漫になり、収拾がつかない状況でした。

その間、部門長はほとんど話しません。じっと聞いていて「ちょっと待った。ノリ（私です）の意見を聞いてみようじゃないか」などと、人に話を遮られたりする場面では発言の機会をくれるような配慮をしてくれ、議論を見守っています。**トップだから会議のコントロールができる、と思われるかもしれませんが、そうでもありません。**

本社の採用担当の人も、微妙なオーラを放っており、あまり話さずじっと会話を聞いているのです。教育担当の人が、なかなか会話に入れないフラストレーションからか、途中でいきなり関係のない大学生スカラーシップの話をし始めたときも「その話は面白い。しかしちょっと話題からずれるので、予備時間に話し合おう」と収めました。採用担当の彼はマネージャーではないのですが、その配慮の仕方で出席者は皆納得という感じです。

その人はさらに、さまざまなアイデアを聞きながら、鋭い質問を繰り広げます。現場の人は近視眼的になり往々にしてコストを度外視しがちなので、コスト面を強調します。またリストラなど、とるアクションのリスク評価や、問題が発生したときの対策などにも、つねに気を配っていました。他には、代替案を検討するとともに、複数案の比較評価をしっかりと詰めていきました。彼はこの会議のリーダーというわけではないのですが、途中から部門長が、彼にまとめるように指示を出していました。

要するに、**あまり発言すると状況を把握できなくなるので、まずは相手の話を聞き、鍵となるところをとらえて質問する、**という方法をとっていたのです。

本社の立場に立てば、海外での採用や人材の入れ替えというのは未知の話です。本社ではコストやリスク、その緩和策、また現場の人たちがどのくらい真剣に考えた上での案なのかで最終判断を下すしかありません。そこを理解している人は、**各人の発言をしっかりと聞き、課題をまとめ上げる**わけです。彼は、しばらくして昇進しました。

比較的変化のスピードが遅く、ビジネスモデルもシンプルで、上層部がそれぞれのオペレーションを把握できるような業種であれば、さほど部下の声を聞く必要はないのかもしれません。鉄道会社とゆうちょ銀行に勤める2人の友人は、異口同音に「わが社は上層部が現場を把握しているので、トップダウンが中心」と言っていました。

しかし、現在の企業社会では、これらはむしろレアケースです。多くの会社は激変する環境で仕事をしており、上層部が部下の声を聞くことの重要性は言わずもがなだと思います。だからこそ、まず人の話を聞くことが重要なのです。

できる営業マンは、面会時間の80％は顧客にしゃべらせ、自分は20％ほどしか話さないと言います。話をしないでどうして営業できるのかと思われるかもしれませんが、お客さんのニーズをとらえるには、聞くのがいちばんです。それに、専門家としての提案を加えてプレゼンテーションすれば決まりです。

一方で、**ダメな営業マンは自社の得意分野の話をするばかりで、顧客の話を聞きません。**

私が研修会社を探していたときの話ですが、私としては自分のニーズを引き出してほしいので状況を語ろうとするのですが伝わらず、自社商品の説明ばかりされて、困った経験があります。できる営業マンは、よい質問をしてニーズを引き出し、提案してくるのです。

これは営業に限った話ではありません。**自己主張の前に、まず、人の話をしっかり聞くこと**。それこそが、要領よく出世するための要諦なのです。

20の習慣
17

メンターをもち、メンターになっている

メンターという言葉があります。仕事上の問題などを相談する相手です。人事マネージャーをしている私の友人は、かれこれ10年ほど、メンターをもっているそうです。そして最近はメンティー（メンターを受ける人）をもったとのこと。つまり、自分がメンターとして相談相手になり始めたということです。この友人によると、**メンターをもつだけでなく、メンターをする**ことも非常に役に立つとのこと。たしかに周りを見渡すと、**出世している人はこの両方をやっているケースが多い**のです。

メンターをもつことで、具体的に何が期待できるのでしょうか?

まず第三者と話すことで、自分を客観視し、物事を俯瞰的にとらえられます。仕事で悪戦苦闘しているときは視野が狭くなりがちですが、**メンターに相談すると、プレッシャーやある種のこだわりが取り除かれ、冷静な判断につながります。**

先述の人事マネージャーは、初めて部下をもったころ、うまく関係を築けずに悩んだようです。そんなとき、学生時代の友人と話す機会があったそうで、その友人の「君の部下はどんな上司を望んでいるの？」という質問を受けて答えられなかったとのこと。自分としては、部下を育成しようとしていたようですが、部下の志向を知らなかったのです。

もちろん、部下の理想の上司になる必要はないでしょうが、部下の望みくらいは知っておく必要があります。彼の部下は、荒削りでしたが上昇志向が強く、多くの仕事に取り組みたいタイプだったとのこと。その部下にとっての理想の上司は「仕事を通して自分が成長できるようにサポートしてくれる人」なのでしょう。

その経験の後、その人事マネージャーはメンターをもつようになったわけです。メンターと話すと、ストレス解消になるとも言っています。人に話して客観視すると、自分に起こっていることを他人事のようにとらえられ、気が楽になるそうです。たとえば、被災した人たちはその経験を他人に話すことにより、大変な目に遭った自分を客観視して別人化でき、心が落ち着くようです。お酒を飲みながらの愚痴にある程度ガス抜き効果があることも、同様の理由なのでしょう。

メンターは具体的なアドバイスをくれることもあるようですが、それ以上に、**質問されることに意味があります**。質問されると「何か答えなければならない！」とプレッシャーがかかり、よりよいアイデアが浮かぶからです。私の経験で言うと、新しい管理職が複数入社してきたとき、メンターに「何があれば、あるいは何がなければ、彼らを溶け込ませやすい？」という質問をされたことで、何とか答えようと頭がフル回転して、いいアイデアがどんどん出てきたことがあります。

またメンターとの間では、たとえば「自分が解雇されたら？」というようなケースであっても、あくまでも仮定の話だから気軽に話し合えます。このような**最悪シナリオを押さえておくだけでも、いざというときに慌てることがありません**。シミュレーションは、メンターとの話だからこそやりやすいのです。

人事マネージャーの友人は、仕事のアイデアも豊富でストレス耐性も強いと評価され、人事の部門長として転職していきました。

メンターをもつだけでなく、**メンターになることも効果的**です。相談されると、いい質問やアドバイスをしなければならないので、メンターから質問をされるのと同じように、自分に対していいプレッシャーになります。私の友人がメンターになったときの話ですが、「相手の靴を履いてアドバイスすべき（本書でよく出る内容です）」と言うと、メンティーからは「理解はできるが実践が難しい」と言われ、一緒に相手の靴を履く方法を議論したそうです。これはメンターにとっても勉強になる話です。

そのときの議題は、メンティーの部下である給与計算や社会保障関係の事務担当者に、自分の仕事の効率化のためにやるべきことを考えさせる指示の出し方、だったようです。その担当は部署柄、正確さに注意を払い、間違いに敏感で時間をかけすぎる傾向があったのです。２人で議論した結果、担当者に「成果物は正確でなくてもいいから、仮に週休３日にするためには何を改善すればいい？」と聞いたそうです。担当者からは案が出てきて、正確さは別の方法で担保しつつ、実践に移したとのことでした。

「成果物は正確でなくてもいい」というのが、相手の靴を履いた、懸念を払しょくさせる一言だったのでしょう。メンターもメンティーも双方勉強になる、非常に使える道具です。ぜひ相手を見つけて、活用してください。

20の習慣
18

他部門に入り込もうとしている

サラリーマンの街と言われる新橋界隈では、会社や他部門の悪口を言っている人が大勢います。オフィス街のランチなんかでも同じです。たとえば「うちの開発は製造ラインをわかっておらず、コストがかかるものばかり設計する」。逆に開発の人は「うちの製造は、工夫をしない。多品種少量生産と言われて久しいのに、ラインをフレキシブルに対応させる努力に欠けている」。また、営業系の社員は「うちの技術部門は能力が低い。お客さんからの苦情が多すぎる」。逆に技術系の社員は「営業は技術をわかろうとせず、お客さんに『何でもできます』と言いすぎる。尻拭いをするのは私たちだ。自分たちは売り逃げて、高いボーナスをもらっている」。皆さんも聞き覚えがあるのではないでしょうか。

要領よく出世する人たちは、まず他部門の悪口を言いません。逆に、**他部門に入っていこうとします**。私が以前在職した会社のある技術担当の話ですが、彼はポストセールスで、営業がソフトを販売した後の導入やメンテナンスを行う担当でした。技術部門は概して、「営業がオーバーコミット（過大な約束）した」だの、「知識がなく技術に丸投げ」だのと批判します。高い給料をとっているのなら、もっと技術のことを勉強しろと騒いでいましたが、彼は違いました。営業上でどこが問題になるかを事前に察知し、前もって営業に注意を与えて手を打っていたのです。

営業の目標達成が厳しいときや四半期〆日の前などは、営業マンは顧客にオーバーコミットしがちですので、それが起こらないように注意を払っていました。要するに、**普段から相手に入り込んで、その内部事情まで、情報をしっかりと収集していた**のです。

逆も然りです、優秀な営業マンは、技術部門とつねに情報交換しています。グローバルで開発しているような商品であれば、日本市場への対応などが遅れることもありますが、そういう可能性がどれくらいあるかを普段のコミュニケーションから察知して、お客さんを引き留めておくために他の商品でカバーするなど、いい意味での時間稼ぎの営業策を講じているのです。

当たり前ですが、**1人で完結できるような仕事は、現代のように高度化した企業社会で**

はまずありません。サッカーや野球のようなプロスポーツの世界でも同じです。ましてや分業が複雑化した企業では、ありえません。ですから**他部門の悪口を言うということは、ストレスのはけ口ぐらいならまだしも、何の生産性もないこと**なのです。

ここでも大切なのは、くり返しになりますが**「相手の靴を履く」**ことです。**要領よく出世する人は部門間の対抗心などもたず、相手に入り込む努力をしている**のです。ちなみに、先ほどの技術担当ですが、その後営業に異動し、報奨旅行で海外に行くほど、世界トップクラスの業績を上げています。

そもそも部門間で葛藤が起こるのは、他部門の実情を知らないこともありますが、むしろ「隣の芝生は青い」と思いがちだからです。

こんな話がありました。人事部にいると、各部門からの苦情をよく聞かされます。あるとき、技術部の人が人事部にやって来て「営業を優遇しすぎだ。彼らは固定給が小さめでボーナス分が大きいと言うが、年収ベースで見ると結局営業のほうが多いではないか」と文句を言いました。私の知人の人事部長は、次のように答えたようです。「では、そう言っている技術担当を営業に異動させてみればどうですか？　人事異動制度もあるし、実際に技術から営業に異動した人もいますよ」。すると相手は「いやまあ、そういうわけではないのだけど……」と口ごもるケースがほとんどなようです。

どういうことかと言うと、営業に異動すると、月次で数字のプレッシャーを受けるし、結果がわかりやすいため、成果が出ないと居場所がなくなるというつらさがあるのです。技術部門のほうが、ある意味のんびりしているわけです。そもそも人事は、その職種ごとのサラリー相場を睨みながら固定給と変動給部分を管理しているし、どちらかを過度に優遇などするわけがないのです。会社は賃金相場を見ています。

もちろん、会社は部門間協力を促進する仕組みを作る必要があります。ある会社では、各部門長に対し、惜しみなく部門間協力をして成果を出した社員を、他部門から数名ずつ推薦させ、選抜された社員を全社会議などで表彰していました。

こういう部門間協力促進の仕組みを導入し、定着させている会社は、さほど多くはないと思います。だからこそ、**要領よく出世する人は仕組みのあるなしにかかわらず、自ら関連部署に入り込み、相手の靴を履きながら情報収集をして、仕事をうまく進めている**のです。

20の習慣
19

違う環境に溶け込める能力を養っている

以前、勤務した金融系の会社で、事業移転のため一部部門を閉鎖した際に、普段は人材を紹介してもらっているヘッドハンターを呼んで、会社を去る人への仕事紹介を依頼しました。「部門閉鎖によるリストラだから優秀な人たちも多いし、ロイヤルティも高い。ぜひいい仕事を紹介してほしい」と、私は自社の社員の売り込みをしたわけです。相手の反応は意外なもので、「御社にはたしかに優秀な社員が多いですが、転職ではやや不利です。理由は、転職経験が少なく、勤続が長すぎる人が多いからです」と言うのです。

体のよいお断りか、転職経験の多い私に対するゴマすりか、とも思いましたが、たしかに金融業界は環境変化が激しく、それゆえに人材の流動性も高いのです。ですから、**転職したら新しい組織に早く馴染み、技術や知識を吸収する対応力が必要**です。ヘッドハンターの言うとおり、**長く1つの環境にいると、素早い溶け込みには苦労する**のでしょう。

転職を勧めているわけではありません。そもそも社内異動でも環境変化があり、適応が要求されるわけですから、**要領よく出世する人たちは転職せずとも、環境変化に対応できるべくさまざまな努力をしています**。つねに自分と違う環境に触れられるように、意識して行動しているのです。具体的には、違う視点をくれる異業種の人たちとの人脈が広いのです。

日本の大企業で役員候補として働いている友人は**「サラリーマンとして成功するには、環境適応能力が不可欠だ」**と言っていました。大手企業ではさまざまな部門があり、日本企業では異動も多い。さらに、同じ部門でも海外に赴任することもある。これらの変化に対応する能力が大切だと言うのです。

ややドメスティックな銀行業界でも、窓口で投資信託や保険の販売ができるようになると、証券会社的な営業スキルが必要になります。銀行にいた友人は、普段から営業サークルという異業種交流会に参加していたため、さまざまな業界での営業の特徴を学んでいました。金融の自由化が進展する中で、多様な営業スキルを学ぶ必要性をしっかりと認識していたわけです。

アパレル企業に勤める友人は、国内営業から購買部門に異動になり、バイヤーとして働き始めました。海外赴任ではないのですが、日本での販売店に対する販促施策担当から、海外からの購買担当への異動は大きな変化です。彼はすでにその国の大使館に知り合いがおり、その国の文化にも造詣が深く、その国の文化の理解が、仕事に大変役立っていると言っていました。

つまり、どんな業界の誰でもつねに変化にさらされており、その変化に対応しなければならない。そのため**要領よく出世する人は自分とは環境の違う人たちと交わり、情報交換して視野を広くもち、異なった環境に適応できるような準備をしている**ということです。

異業種交流といっても、名刺交換会に参加すればいいというわけではありません。あるベンチャー企業の社長が「ベンチャー社長コミュニティのようなものがあり、人脈が広がるし営業にも役に立つと言われたが、**名刺交換だけでは意味はない**」と言っていました。たしかにベンチャー企業は、比較的ニッチな市場を相手にしますから、営業上の話に出会う確率はさほど高くはないでしょう。むしろ、組織マネジメントや人材確保での情報交換のほうが、有益だと思います。ただそれも、名刺交換時の数分の会話だけでなく、**これは**

と思った人と別途数時間の食事などを入れる努力が必要です。相手も自分を見ていますから、いかに普段から研鑽を積んでいるかが問われるのです。

社長同士の情報交換に限らず、**企業人としても、他分野との交流は出世には必須**です。これはと思う人としっかりとした情報交換を行うことが必要なのです。

ただ、日本は単一文化に固執し（実際は単一民族でも単一文化でもないのですが）、異種環境を好まない傾向があります。以前勤めていたグローバル企業での社員満足度調査で、非常に興味深いデータがありました。会社でもっとも満足度が高かった国はシンガポールで、最低はなんと日本でした。さらに目を引くのは、シンガポール・オフィスは当社の中ではトップなのですが、シンガポールにオフィスを有する企業の中では平均よりやや下。逆に日本オフィスは社内では最低なのですが、日本にある外資系企業との比較では平均以上だったのです。

つまり外資系企業では、一般的に日本オフィスの結果が低いのです。日本には、異種文化のコミュニケーションで文化的に摩擦が起こりやすい風土がある、ということです。ビジネスの観点からは、**私たちはもっと多様性を許容するべきである**と言えるでしょう。

20の習慣
20

私心を大切にしている

自分のことを考えて行動する心を「私心」、他者のことを考えて行動する心を「利他心」と言い、ビジネスの世界では**「私心を捨てろ」**とよく言われます。京セラの創業者で、JALの再建をされた稲盛和夫氏は著書『生き方』（サンマーク出版）の中で「『その思いには、おのれの欲が働いていないか、私心が混じっていないか』と自問することが大切なのです」と書いています。このように、「私心」には自己中心的な悪いイメージがつきまといます。しかしながら、人はまず自分のことを考えないと、競争に打ち勝つための原動力は湧いてこない、とも言えます。

企業で上層部にまで出世していく人は、この**私心のコントロール**ができています。どういうことかと言うと「第1章5　つねに『中庸』を意識している」で書いたように、ゼロかイチの議論ではなく、**ある程度の私心を保ちつつ、それが肥大化しないようにコントロールしている**のです。このコントロールこそが、見出しに書いた「私心を大切にしている」です。

IT企業でソフトウェアの営業をしている人の話です。その人は、企業を転々としているのですが、売るためのスキルの中でも、お客さんに購入決定の最終判断をさせるクロージングの能力が非常に優れていました。転職を重ねる理由は、製品のライフサイクルが早いため、今いる会社の商品が売れなくなったら、売れる商品をもつ違う会社に転職するためです。ソフトウェアには旬があり、ERP（基幹業務システム）からCRM（顧客管理）へ、といった具合に、ブームが変わるのです。

彼のことを非難する人は「調子よく自分が稼げるときだけ稼いで、最後は逃げていく。自分のことしか考えていない、私心の塊だ」と言います。一方で彼を評価する人も多く、顧客はもとより、彼を尊敬している同僚もいました。その理由は、彼の口癖であった**「コーポレートキャップを被る」**ことを実践していたからです。

英語では、全体最適の会社利益を考えた行動をすることを「コーポレートキャップを被る」と言います。会社（コーポレート）の帽子（キャップ）を被る、つまり、**つねに会社の利益を念頭に置いて仕事をしていた**わけです。

それでも、**自分の力では売れなくなったら、転職する**のです。企業の製品は一営業担当ではコントロールできません。それが売れなくなったら、私心と言われようが転職するしかありませんが、自分がその会社で禄を食んでいるうちは、会社の利益を最優先に考えるわけです。**この両者に、矛盾はありません。**実際彼は、顧客から売上につながる情報をつかめば、自分の部門と関係なく、自分の手柄にならなくても、かまわず上司や同僚に報告して、会社の売上向上に貢献していました。

この姿勢が評価され、彼は大手外資系企業でシニアマネジメントに抜擢されました。大手であれば商品ラインナップも多く、浮き沈みはさほどないので、彼のような自分よりも会社の利益を優先させる姿勢が長続きさせられるというわけです。

仕事をしていると、自分の利益が会社の利益と相反することがしばしばあります。先ほどのケースのように、あるとき、お客さんから社内での競争相手である同僚の業績に寄与するような情報を聞いたら、どうするでしょうか？　同僚に教えると会社は儲かるとしても、同僚との競争を考えると隠したくなるのが人情です。つまり、私心が原因で、会社全体より自分の利益を優先してしまうわけです。しかし、それでは**短期的な成功は収められ**

るものの、長期的な評価を獲得することは難しいでしょう。そんなのは、けっこうばれるものです。

ここは進んで同僚に情報を与え、上司にはうまく**「自分はコーポレートキャップを被って仕事をしている」とアピールする**のが、正しい行動です。

経団連の元会長を務められた御手洗冨士夫氏がキヤノンの社長時代に受けたインタビューでの逸話があります。「役員を登用する基準は何ですか?」と問われ、御手洗氏は「私心なく意思決定できる人だ」とおっしゃっていました。「役員候補にまでなると、仕事能力の甲乙はつけがたい。最後は自分のためだけではなく、会社全体の利益を考えて判断できるかどうかということに尽きる」ということです。

私心が強すぎると、一時的にある程度の成功は収められても、そこから先はありません。**私心は頑張る原動力にはなりますが、それを適切にコントロールしてこそ、上層部まで上がっていける**のです。

［第3章］

要領よく出世する人が大切にしている15の考え方

15の考え方
1

自分と会社の利益相反を理解している

社員と会社の利益は、時として相反します。会社が利益を出せば社員は昇給し、事業が拡大すれば役職も増えて昇進しやすくなるという側面もたしかにあるのですが、その逆もあります。たとえば、人員削減は会社がコストを下げ、利益を上げるための一施策ですが、対象となる社員としてはマイナスです。給料も、会社としてはできる限り低く抑えつつ、最大限のモチベーションでいい仕事をしてほしいだろうし、社員はやる気を出して働くためには、高額のサラリーをほしいと思うでしょう。

このような利益相反は多々あります。**要領よく出世する人は、その相反の構造を明確に理解し、自分がとるべき行動をしっかりと認識しているの**です。

ある保険会社の関連子会社で、コールセンター業務を行う会社に勤務する人がいました。彼女の役割はコールセンター業務を高品質で運営していくための企画と人材の育成でした。

社長からの信望も厚く、親会社である保険会社とも連携して、コールセンター業務への投資と顧客満足とのバランスも鑑み、さまざまな提案をしていました。

あるとき、彼女が勤める会社の親会社の合併が報道されました。合併の目的は商圏をお互いに補完することで事業を拡大させることの他に、コールセンターなどの管理業務を、規模の経済により効率化するというものです。そうなると、組織統合による人員削減も予想されます。まさに、効率化を目指す会社の目的と、社員としての雇用の維持という観点での利益相反が発生してきたのです。

まずは親会社同士の合併なので、コールセンター部門の統合は先の話ですが、どのような形で一緒になるのかなどの憶測が飛び交い、社員は浮き足立っていました。彼女側のコールセンターでも、自分たちが生き残るためにやるべきことは何かといった議論が頻繁に交わされ、組織の保身に走ろうとする人が多くいたとのことです。

しかし、彼女の対応は一貫して粛々としたもので、上司である社長を通して相手のコールセンターを調べ始めたのです。相手を知るのは、自分が生き残るためには重要なことなのですが、自分が生き残るというよりも、合併後どのような形態にすれば、会社全体としてより効率的なコールセンターになるかを考え始めたわけです。先方と自社の強みと弱みを分析し、お互いどう補完し合っていくかを、**合併する両方の親会社のトップの視点で考えた**のです。

親会社同士の合併が決まった以上、子会社の中間管理職にできることは限られます。親会社同士では、政治的な役職争奪戦もあるでしょう。その飛び火で子会社にもさまざまな影響があります。要するに、子会社からは**コントロールできないことが多すぎる**のです。

彼女は今の仕事は遂行しながらも、淡々と合併後の姿を描き、場合によっては自分がいなくなるケースも考えていました。その際には転職するか、早期退職となれば割増金が出るので、しばらくの間は勉強しようかとも考えていたようです。

多くの社員が保身に動く中、彼女の全社利益の視点で考えた動きは高い評価を受け、統合作業のメンバーに選ばれました。合併後も会社に残るように慰留され、オペレーションのディレクターへと昇進していったのです。

合併後の昇進は幸運だったのかもしれません。状況によっては、合併後には仕事を得られなかったかもしれないでしょう。ただ、合併騒ぎのとき、多くの社員が浮き足立つ中で、冷静に会社と社員の利益の相反を把握して、自分がコントロールできることとそうでないことをしっかりと峻別し、コーポレートキャップを被って会社の視点で考えて行動することは、重要な動きです。上層部からすれば、ぜひとも確保しておきたい人材であることに違いありません。

合併や競争環境の激変による事業の転換など、会社と社員の利害が一致しないことは多々あります。「選択と集中」という戦略論の言葉がありますが、何かを選択するというのは何かを捨てることに他ならず、これも会社と社員の利害不一致の一因でしょう。

そのようなコントロールできないことが頻発するビジネス環境で、一喜一憂することなく、**コーポレートキャップを被って粛々と会社のためになるような仕事をしていく。**このようなスタンスは、企業の中で出世するには不可欠なものなのです。

15の考え方
2

会社の「振り子」の向きを読んでいる

会社の方針は頻繁に変わります。それに不満をもつことも多いでしょう。たとえば評価制度で「数年前にチームの成果を重視する制度を作ったのに、今度は個人の成果を重視すると言い出す。いったいどっちなのだ?」という類のものです。

社員の立場になれば、評価指針によって働き方も変わるので、真剣になるのは当たり前です。個人成果重視であれば、チームプレーよりも個人プレーに走ります。逆にチーム成果重視だとなれば、チーム業績がよければ個人が芳しくなくても救済され、アグレッシブである必要性が弱くなります。

要領よく出世する人たちは、この会社の方向転換をしっかりと見極め、なぜそのような方向転換がなされるのかも理解して、対応しています。

一般消費財マーケティングを担当している友人は、自分の担当商品の利益で評価されていたのが、ある年からグループの利益で評価されることになったそうです。ただ、その友人によると、社内がギスギスし始め、コミュニケーション効率が大きく落ちていたので、評価制度が変更されることは想定済みだったとのことです。そのため、新しい評価制度に合わせた形の働き方を準備していました。また、個人かチームかのゼロイチはありえないので、どちらにどの程度コミットするかを、常日頃から状況を見つつ判断していたそうです。

評価指針のような大きな変化は「そのとき、会社はどちらを向いているのか？　会社の首脳陣が何を懸念し、どちらに向かおうとしているのか？」を見極めるための材料になります。会社の意向を把握してそれに合わせて動くために、いち早く対応できる態勢を整える。自ずと彼は、業績も上げ、高い評価を得ました。

そもそも、なぜ会社の仕組みは、よく変更されるのでしょうか。それは、**仕組みは長い時間、いいバランスで「運用」することが難しい**からです。先の、個人成果とチーム成果のどちらで評価するかという例で考えてみましょう。

制度は導入してみないと、どの程度機能するかはわかりにくいものです。仕組みはよくても「第2章10『制度』と『運用』を分けて考えている」で書いたように、運用で骨抜きになるということもあります。だから、制度を作る人は、やや強めに設計しがちなのです。**ちょうどよいバランスというのは、分水嶺のようなもの**。そこで留まるのは非常に困難で、どちらかに流れてしまいがちです。ですから、振り子を大きめに振って、個人成果の流れに強く行きすぎたかと思えば、チーム成果に戻したりしているわけです。

人事制度だけでなく、組織体制でも同じです。10年ほど前、カンパニー制が流行りました。たとえば電機メーカーでは、一般消費者向けの家電部門と企業相手のITネットワーク部門では事業内容が大きく異なるので、独立した会社のようにみなし、バランスシートの独立性も担保して、カンパニー長に権限委譲したのです。カンパニー長は権限も責任も大きくなり、競争心や真剣さは高まります。また、独立で財務諸表を管理しているので、会社としては事業売却時に迅速な判断が行えるというメリットもあります。

ところが最近は、このカンパニー制が縮小・廃止され、カンパニー長の権限が小さくなる傾向にあります。理由は、独立性の高まりとともに社内で重複する業務が増え、効率が低下してきたからです。カンパニー長にすれば、業績を厳しく問われるなら管理会計を充実させたいし、カンパニーの状況を的確かつ迅速に把握するための人材もほしいでしょう。

また、素早く成果を出すには、将来的には人員過多のリスクはあっても、短期的に必要な人材を採用したいでしょう。そのための専属採用部隊もほしいところです。各カンパニーがこのような動きをとり始め、会社全体で効率が落ちるといった弊害のほうが大きくなったのです。これが、カンパニー制が下火になっていった理由の1つと言われています。

会社としては、一時はカンパニー制のメリット（権限委譲により上層部の独立心や競争心を高める）が大きいと判断してそちらに振り子を振り、デメリットが大きくなれば元に戻すという、**極めて合理的なことをしているだけ**なのですが、現場としては朝令暮改のように感じられ、不満の種となったりしているようです。

ここでも**要領よく出世している人たちは、会社の動きに翻弄され不満をもつのではなく、今どちらの向きに会社が動いているか、そしてその理由をも見極めながら仕事をしています**。私の知人にカンパニー長がいましたが、この傾向を理解し、カンパニー長時代でも決して採用や管理会計担当の人間を雇おうとはしませんでした。人手はほしかったようですが、コーポレートキャップの観点から、軽々と人員を増やさずにいました。彼もまた、会社の動きをしっかりと認識していたため、上層部に評価され、さらに大きなカンパニーを担当することになりました。

自分の強みと役割を熟知している

エンターテインメント業界に興味があって、転職した友人がいました。彼は商社で一般消費財を扱う仕事をしていましたが、ゲーム会社に転職した後、映画配給会社に再転職したのです。そのころの話を聞かせてもらうと、**要領よく出世する人は、自社の特徴をしっかりと把握し、自分の強みを熟知して活かしている**なと思いました。

最初の転職でゲーム会社の営業マーケティングの責任者になった彼は、ほんの数カ月で辞めてしまいました。彼自身は失敗談として話してくれたのですが、素晴らしい即断だったと思いました。そのゲーム会社は、次のような状況だったようです。

営業マンは自分とその直下の課長以外、全員契約社員。社長は気に入らない営業マンがいると、その営業マンの契約期間終了と同時に、自分の了解もろくに得ずに雇用契約を打ち切ろうとする。部門のモチベーションは上がらず、部下たちは会議には遅れるし、午前中は顧客に説明するためだと適当な理由をつけて、営業も疎かにして社内でゲームをやっていたとのこと。

一方で、このように営業の士気が低い割に、その会社の業績は好調でした。理由は「第2章1『上司の上司』視点で考えている」で説明したフレームワークで言うと、KSFは「顧客が望むゲームを作ること」で、そのために必要なのは営業やマーケティングではなく、売れるクリエーターの確保だったのです。要するに、有名なクリエーターが作るとその商品は売れる。お客さんはそのクリエーターの商品を待ち望んでいるわけです。

友人は「営業やマーケティングの頑張りは、商品の販売にさほど影響しない業界だ」と悟ったようです。会社の成否を左右するのはごく少数のクリエーターで、彼らには億を超える報酬が支払われ、オフィス環境も社長のクリエーターに対する気遣いも、相当なものだということです。この会社のKSFには、クリエーターを育て、確保し、彼らが気持ちよく働ける環境を作ることが不可欠だったわけです。

つまり、**営業やマーケティングの仕事の能力が高い彼は「場違いの業界であった」ことをすぐに見抜き、再転職を決意した**のです。エンターテインメントの世界には残りたかった彼は、外資の映画配給会社に転職しました。この業界もハリウッドでの成否が日本の業績に与える影響が大きく、日本での営業やマーケティング努力の与えるインパクトはさほど大きくないとのことですが、前職のゲーム会社に比べれば十分にやりがいがあると言っていました。彼にとって、**自分の強みと役割がまずまず一致する場所を見つけられた**ということです。友人の場合、1度は失敗していますが、**その後の成功は、自分の強みと会社の中での役割認識を十分にしたことによる**のです。

別の例ですが、あるコールセンターのマネージャーの方と話したときのことです。そのコールセンターの仕事は、顧客からの問い合わせに対して、技術やソフトの使い方などのアドバイスをすることです。スタッフには商品知識が少ない入社間もない人が多く、商品知識をつけながら仕事もするという、ステップアップの場になることが多かったそうです。顧客と対面で対応するのと異なり、調べてから返答ができるので、育成の場所に適しているのです。そして、知識がつくと、顧客の前に出る仕事に異動していきます。

考えてみれば、育成した人材は他部門にとられ、部内の人材は恒常的に手薄な状態です。また、仕事はトラブル対応が多く、顧客の苦情を聞く係みたいなものです。さらに自社の営業からは「顧客からコールセンターの対応について苦情を受けた」と社内で文句を言われる始末です。そんなわけで、一般的には、コールセンターの管理職と話すと愚痴を聞くことが多いものです。しかし、そのマネージャーは、まったく違いました。

彼女曰く、コールセンターが人材育成部署なのはどこの会社も同じ。部員が成長すると顧客の前線に出されるのも、そのほうが会社にとっては利益になるし、自分がトップでもそうする。また、顧客は主に問題発生時に電話してくるのだから、苦情を聞くのも当たり前で、それこそが部署の役割だし、仕事そのもの。これに文句を言うのは、**野球のピッチャーが「なんで自分ばかりボールを投げなきゃいけないのだ？」と怒っているようなものだと**言うのです。

ただ、恒常的に人材は手薄なので、顧客からの苦情の有無で評価してほしくない。他社より劣っているのなら改善するので詳細を教えてほしい。営業部がお客さんと一緒になってコールセンターの悪口を言うのは、承服できない……。

おっしゃるとおりです。彼女の認識には営業のマネジメントも納得し、両部門の協力関係が促進されました。まさしく役割をしっかりと認識しているからできる発言だと言えるでしょう。

15の考え方
4

競争社会のよさを知っている

組織内での競争に否定的な人が多くいます。過度な競争は働く者を疲弊させ、企業に必要なチームワークを阻害する。1度競争に敗れるとやり直しが利かず、閉塞的な組織になる、といった具合です。これらは社会全体でも言われることで、行きすぎた競争社会は格差を拡大するから問題だ、というのと同じロジックです。

もちろん、「行きすぎた」競争がよくないのは当たり前です。さらに、1度敗れると敗者復活の機会がなく、格差が広がったまま固定する仕組みがよくないのも当たり前です。

日本では、競争という言葉を聞くとこのようにネガティブにとらえる人が多いのですが、**要領よく出世する人たちは、その競争社会のよさをよく知っており、自分や自分の部下がどこでどのような競争をすればいいのかを、しっかりと認識しています。**

私の友人に、カード会社の商品販売部門のコールセンターで、マネージャーとして働いていた人がいます。彼女の話によると、部門社員のほとんどは女性で、約半分が直接契約のパート契約社員だそうです。皆さん、一生懸命に仕事をしてくれているとのことですが、いかんせん契約社員ということで、ロイヤルティもさほど高くなく、突発の欠勤などが問題であったようです。マネージャー会議ではどのように出勤率を上げるかを議論したようですが、多くの意見は、連帯感を高めるために、月に1度の社員会などの費用を会社が負担するというものでした。

経営陣もそれをある程度呑み、原資を用意したのですが、彼女はその案に反対でした。彼女が考えた案は、競争をベースにした出勤率の向上でした。それは皆勤手当です。そんなに新しい処遇システムではないのですが、1カ月の欠勤率が低い順番で10位までに、合計10万円の手当を出すというものです。もし無欠勤が1人だけなら10万円が手に入ります。全員が無欠勤でも、部門社員は20人ですので、最低1人当たり5000円が保障されます。目新しくはないのですが、要するに休まないと給料が増える仕組みです。

日本人はお金によるインセンティブを嫌いがちで、和を重んじた親睦会などを重視します。もちろんそれは意味のあることですが、会社の期待するほどロイヤルティが高くない昨今、親睦会などの催しで連帯感を高め、それによって欠勤率を下げるのは、時間がかかりすぎますし、そもそも連帯感の向上で休みを減らせるのかも、定かではありません。それよりももっと競争を絡めたお金のインセンティブが重要だということです。

実際、この皆勤手当の施策により、欠勤率は80％も減ったそうです。さらに彼女は正社員登用枠を会社に求め、契約社員から一定数を正社員にする仕組みを作らせました。「商品知識もあり、お客様にもしっかりと対応する人がいるのだが、その人は契約社員で、期限が来れば辞めてもらわなければならない」と彼女はこぼしていたのですが、その人たちを社員に登用する仕組みです。口先だけで言うのではなく、半年に10人という目標人数を決めたそうです。

この皆勤手当と正社員登用制度のおかげで、契約社員の皆さんの士気も上がり、販売実績も向上したということです。彼女はこの功績で、人事企画で全社のモチベーションアップのプロジェクトに参加した後、コールセンターでディレクターに昇進していきました。

そもそも、競争を嫌う人たちというのは、どういう人でしょうか？　それは**すでに処遇や立場が高い人たち**です。競争が少ないと入れ替わりが起こりにくいので、すでにある格差をエンジョイできます。下克上とは言いませんが、**努力により成り上がれる社会、ボンヤリしていると落ちてしまう社会のほうが活力が出るし、今不遇な人たちにとってはよい社会**ではないでしょうか。これは社会全体でも同じだと思います。

そもそもビジネスの世界では、グローバルな競争が行われているのですから、今の世の中、競争のない社会や会社が成り立つはずがありません。ただ、失敗も許容して、何度でもやり直しが利くような仕組みや文化は必要でしょう。

これもゼロイチ議論ではなく、どの程度、どんなルールで競争をすればいいかを考える必要があります。つまり、よい競争社会と悪い競争社会があるということです。**要領よく出世する人たちは、競争のよい面とそうでない面をしっかりと認識しています。**おしなべて、日本の会社はまだまだ競争が足りないでしょう。

当たり前のことですが、普段から健全な競争を心がけて切磋琢磨し、組織でも先にあげた「皆勤手当」のような仕組みを用いて健全な競争を浸透させる動きをしている人が、企業の中で出世していくのです。

15の考え方
5

周りは自分を理解してくれないことを知っている

リーダーが周りに理解されるのは、難しいものです。それを示す、象徴的な例をご紹介しましょう。

伊藤忠商事の社長、会長を歴任された丹羽宇一郎氏が社長のころ、「業績が苦しい当社を立て直すまでは、自分の役員報酬はゼロにする。業績が回復してから報酬をいただく」と発表されました。

率先垂範とはよく言いますが、自ら処遇というリスクをとり、「自分の給料は儲かってからの後回しでいい」というのは素晴らしい決意だと思い、その当時、伊藤忠商事で働いていた知人にこの話をしました。すると、彼はなんと「何を今さら。これまでがもらいすぎだ」と厳しいコメント。また、「今までいい思いをして、相当な資産も築いたろうし、ゼロでもそんなに胸を張ることではない」という意見が社内に少なからずあるとも言っていました。

このように相当な覚悟をもって放った言葉や行いでも、うまく受け取られない。要領よく出世する人たちは、このことをしっかりと認識しています。そして、それを乗り越えるべく、さまざまなことを心がけています。

会社を立ち上げて中堅企業の社長になった友人がいるのですが、彼はつねに周りの人の声に耳を傾けています。傾聴スキルという言葉はコーチングの研修などで最近よく聞きますが、彼は「もちろん傾聴は大切だが、あれは最低限必要なもの」とよく言っていました。

傾聴とは、たとえば部下と話すとき、過去の経験に照らした自分の意見や指摘は封印し、まず相手の中に入っていくことです。部下に相談されると、よく自分の意見を表に出して主張したり、過去の自慢話をしたりする管理職がいますが、これでは相手と問題意識を共有できません。まずは、聞くこと。彼は、これは周りに認めてもらう第一歩で、必要条件だと言います。

次に「第2章14　自分の『普通』をつねに疑っている」で書いた内容ですが、つねに訴えかけようとする相手の観点で考え、彼らの琴線に触れることは何かを考える必要があります。もちろんこれは傾聴しなければ絶対につかめませんが、傾聴したからといって必ずつかめるものではありません。むしろ、うまく傾聴するために必要なスタンスと言ってもいいでしょう。

彼は、自分の常識を疑うためには、さまざまな世代や業種の人たちと付き合うことが重要だと言っていました。要するに、**傾聴して聞くだけでは不十分で、「誰に聞くか」というところが重要だ**と言うのです。

驚いたことに、彼は**自分より20歳以上も年下のメンターをもっていました。**メンターについては本書でも推奨していますし、読者の皆さんの中には、実際にメンターをもっている人もいらっしゃるでしょう。しかしながら、20歳以上も年下の人をメンターにしているというのには驚きました。30歳くらいでも「近頃の若い人は……」と、自分より若い層を否定的に見る人が多い中で、この謙虚さは素晴らしいことです。

そして、彼は、**「どこまでやっても完璧には伝わらない」ということを認識した上で、さまざまな施策を打つ前に、自分の考えがどこまで伝わるかを見極める**と言っていました。伊藤忠商事の丹羽社長の例で言うと、社員全員が十分納得するのは不可能だということですが、それが伝わってほしい人たちにどの程度伝わるかを見極めるわけです。傾聴とともに、自分の知らない世界を知っているメンターからアドバイスをもらうことによって、その「程度」を知ることができるということなのでしょう。
そして仕上げは、**それをいかにうまく伝えるか**です。私の友人は、社員に伝えるためには、メディアを使うのが有効だと言っていました。丹羽社長もメディアを使い、社員の家族や周りの人に「伊藤忠商事の社長は素晴らしいね」と言ってもらうことによって、モチベーション向上を狙ったのでしょう。つまり、大きな会社のトップがメディアに語る内容というのは、実は社員やその家族などに語っている面が大きいということです。たしかに、社長の訓示や言葉は、毎日のように社内のイントラで見ることはできますが、あまり気にとめないものです。ただ、新聞やテレビに出たら、気になるものです。なるほどと、感心しました。

このように、出世すればするほど、周りの人に理解されるのは難しくなります。しかし、社長でなくとも、管理職でなくとも、後輩に対してさえ、意向がうまく伝わらないのが世の常です。ぜひ、**自分とはまったく違うメンターをもち、周囲の声を傾聴し、そして伝え方を工夫してください**。企業の中で出世するヒントが得られるでしょう。

15の考え方
6

「今、いくらで転職できるか」を把握している

自分の処遇にある程度満足している人がいる反面、相当高給でも満足していない人もいます。この違いはどこから来るのでしょうか？　これは、自分の給料の妥当性を認識しているかどうかです。そして、**要領よく出世する人たちは、自分の給料が妥当なのかどうかをしっかりと認識し、自らをモチベートして、成果を出しています。**

モチベーション理論という、人を動機づける要因を分析するフレームがあります。それによると、動機づけの要因には「促進要因」と「衛生要因」の2つがあるそうです。「促進要因」は、たとえば組織内で関心を寄せられ、承認されていることなど、高まれば高まるほどモチベーションが上がる要因です。一方、「衛生要因」というのは、それが悪いとモチベーションが下がりますが、よいからといって必ずしも人を動機づけられるとはかぎらない要因のことです。給料や労働環境が、「衛生要因」に入ります。

つまり、給料を高くしたからといって社員のモチベーションが上がるとはかぎらないのです。かといって、給料をいい加減に管理しているとモチベーションが下がってしまいます。会社はしっかりとこの両要因を管理しなければなりませんが、**働く人自身もここをしっかりと認識することによって、自らのモチベーションを高く保つことができます。**

では、働く者としてしっかりと自分で認識しなければならない衛生要因の1つである、給料の妥当性とは何なのでしょうか？　それを理解するには、給料というものがどうやって決められているのかを把握することが大切です。大切なのは、次のポイントです。

まず、**企業の支払い能力。ない袖は振れません。**得た利益の中から社員、経営者、株主などの利害関係者に分配するとともに、企業存続のための内部留保などを考慮したものです。社員としては、利益の中からどの程度分配されているのか（労働分配率）を見ることが重要です。

次に、**社内バランス。会社は、社員をやる気にさせるために、役割や職種、能力、業績によって、どのような違いをつければいいのかを考えています。**管理職と一般社員の給料のバランスは重要です。社員としては、自分の給料が社内でどの位置づけにあるのかを知ることが重要です。

そして3点目が、**給料の相場。競合他社で同じような仕事をしている人たちとの比較です**。有能な人材の退職や引き抜きがないように、会社は苦しいときも、相場を睨みながら妥当な給料を設定しなければなりません。逆に社員は、自分の給料が相場と比較してどうなのかを把握しておく必要があります。

労働分配率、社内バランス、そして給料の相場、この3点をしっかりと認識することが重要なのです。

要領よく出世する人は、給料が決まるこれらの仕組みを知っており、自分のサラリー水準を相場から把握しています。したがって、もし給料に不満があれば、根拠を示して交渉します。交渉ができないような大企業であれば、処遇制度（大企業などは処遇制度がオープンな会社も多い）を熟知し、そこに残って働くやりがいと、将来も含めた処遇水準を天秤にかけて考えています。

さらに要領よく出世する人たちは、税金や社会保険料などを除いた金額、つまり**手取り給料**を気にしています。たとえば研修をどうとらえるかです。外部研修などへの参加機会が多い会社では、仮に研修費用100万円を会社が負担してくれたとしたら、税金や社会保険料の分を考慮すると、年収700万円の人であれば150万円以上の昇給に値するのです。また、会社借り上げの社宅などがある会社では、節税効果は非常に大きいでしょう。

もちろん、人はお金のためだけに働くのではありません。仕事を通して成長できるかどうかも重要です。ただ、成長というのも将来の処遇に関連するものですから、成長機会も将来の給料につながる要素と言えるでしょう。したがって、**お金以外の価値とのバランスをとらえるためにも、お金に関してしっかりと認識し、給料の決まり方を理解し、その相場を把握すること**が重要で、それを通して自分のモチベーション管理も行えるのです。

もし、自分は給料はいくらでもやりがいだけでモチベーションを高く保てる、という方がいれば、それはそれでまったく問題ありません。ただ、給与額についての愚痴がいろいろなところで聞かれることを考えれば、重さの大小はあれども、本音では給料の額は重要な要素でしょう。しっかりとその仕組みを把握しておく必要があります。

15の考え方
7

過去と比較しない

ビジネスの世界は、日増しに世知辛くなっています。よき競争は望ましいとは言うものの、過去に比べればより一層の努力が求められる社会になりました。

以前は、会社にも余裕があり、事業規模の拡大も比較的見通しやすく、長期的な観点での教育投資も行えました。しかし昨今は、比較的短期の効率が求められ、組織運営も厳しくなっています。つまり過去に比べて、働く者にとっては厳しい現実があるわけです。しかし**要領よく出世する人は、過去のことにとらわれず、今と未来を見ています。**「昔はよかった」などというノスタルジックな感傷には浸りません。**現状はどうか、これからどうすればさらに未来がよくなるかを、真剣に考えているのです。**

私が勤務していた会社での話ですが、社員にとっては好ましくない状況が進んでいました。組織のフラット化が進み、管理職のポジションが少なくなるとともに、経営資源を強みに投入するため、外部に出せるところはアウトソーシングを促進していたのです。すると、当然ですが仕事がなくなる社員が出てきます。技術部門では、コアのソフト開発は社内で維持する一方、顧客へのインストールは外注することになりました。

技術部門長が、アウトソーシングの説明会を行いました。部門長の傘下に6人のマネージャーがいたのですが、どこも多かれ少なかれ人員削減を余儀なくされた状況です。課長の皆さんは会社の施策に苦言を呈しました。1人は「以前のわが社は働きやすかった。社員教育は充実し、昇進のチャンスも多くて活力があった。ところが最近は、管理職ポストは減り、社内競争は激化し、育成コストは削られ、さらにリストラまで行われる。私たち管理職も含め、部下の社員のモチベーションをどう考えているのか？」と。

すると将来を嘱望されているマネージャーがこう言いました。

「たしかに昔はよき時代だったと聞いているが、今のビジネス環境は厳しく、コアとなる事業を見極めてそこに資源を集中しないと利益を出せないから、リストラは必要だ。社員のモチベーションは非常に心配だが、古きよき時代のわが社と比べても意味がない。**比較すべきは、過去ではなく『今のわれわれの競争相手』**だ。わが社のマネジメントが悪く、競合している企業より社員のモチベーションが低ければ問題だが、競合より上であれば、過去のわが社よりモチベーションが低くても、さほど気にすることはない」

競合企業もご多分にもれず、リストラなどの厳しい環境は変わりません。彼はつねに競合企業の動きを見て、社員に競争優位となるポイントを探させるとともに、競合企業の組織で起こっていることも探り、比較し、**自社の優位性を部下とシェア**していました。

要するにここでのポイントは、モチベーションの点数づけができたとして、自社が5年前は80点だったのが今は50点に落ちているとしても、その50点が競争相手に勝っていれば問題ないということです。競争相手より低ければ、優秀な人材を引き抜かれたり顧客サービスに差し支えたりしますが、競合企業も同様に苦しんでいるわけで、**自社が競合企業より相対的に上であれば問題ない**というわけです。

もちろん、会社としては社員の満足度を高める努力は必要ですが、過去と比較する必要はないのです。社員がタイムマシンで過去に戻って転職でもできれば話は別ですが、ありえません。つまり**会社は競争に勝ち、利益を出すために、つねに現時点での競合企業や労働市場での競争相手と比べられている**のです。**過去は重要ではない**のです。

「コンコルドの誤り」という話を聞いたことがあるでしょうか？　超音速旅客機「コンコ

ルド」の開発途中に、騒音や長い滑走路を要するなどの理由により、完成させても採算が合わないとわかったのですが、「過去にこれだけお金をつぎ込んだのだから、継続しなければならない。過去の投資が無駄になる……」と考え、開発を継続してしまったそうです。完成させても、商品として成功しないのであれば、過去のコスト（埋没費用）は捨てるべきなのですが、それが人間はなかなかできないのです。

NHKの大河ドラマ『軍師官兵衛』で、面白いシーンがありました。若き日の黒田官兵衛が、幼馴染みを殺され復讐すると騒いだとき、彼の祖父は孫子の言葉を引用して官兵衛を諭しました。「感情に流されて行動してはならない。亡くなった者は帰ってこないのだ」。それは、まさしく埋没費用の概念です。二千数百年も前に、すでにこの概念に辿り着いていた孫子は素晴らしいですが、**私たちは気をつけないと、過去にとらわれすぎてしまう**ということです。

昔を懐かしみ、よき歴史を振り返るというのも重要でしょう。しかし、そのノスタルジックな考えは、明日に向けるべき努力を怠る言い訳になっていることが非常に多いのです。**要領よく出世する人たちは、このワナに嵌まらないようにつねに意識して、明日を見据えた研鑽を積んでいます。**

15の考え方
8

会社を恐れていない

最近、経済をあつかったテレビドラマや映画が多くあります。NHKでは『ハゲタカ』や『メイドインジャパン』、民放では倍返しの『半沢直樹』などです。こういったテレビドラマや映画を架空の娯楽番組として観る分にはいいのですが、現実では、ドラマのようなことは起こらないのに、「自分にもそういったことが降りかかるのでは」と、取り越し苦労をしている人がけっこういます。もちろんこのご時世、リストラくらいはあるでしょうが、ドラマはドラマです。

会社業績が低迷し、社員が浮き足立ったときでも、要領よく出世していく人は動揺しません。コモンセンス（常識）を大事にし、冷静に行動するのです。

化粧品会社に勤務する私の友人が、ジョージ・クルーニー主演の『マイレージ、マイライフ』という映画を観たそうです。リストラ宣告人である主人公が、世界各地を飛び回りリストラを宣告しながら、飛行機のマイレージを1000万マイル貯めるのが夢だとか。彼はこの映画を観て「うちの会社も外資系で業績が伸び悩んでいるから、ひょっとしたらリストラ宣告人みたいなのが現れるのではないか」と心配したそうです。

不安になり、社内で成功している同僚に相談したら、その同僚は一笑に付し、「外部のリストラ宣告人が来るなんてありえない。外資系であっても、日本でいきなり外部の人間がやって来て『お前はクビだ！』なんて話があるわけがない。もしそんなことをすれば、社員のモチベーションはガタ落ち。そもそもリストラ理由を部外者がどうやって説明するの？　メディアの格好のネタになって企業イメージに著しく傷がつく」と言ったそうです。

同感です。相当ダメな人事部長がいれば、外国の本社の意向を言われるがまま受け入れるかもしれませんが、それは例外中の例外でしょう。私の友人はその説明で納得したようでした。

彼が相談した同僚は、部下や周りにつねに**「コモンセンス（常識）を大事にしろ」**と語っているとのことです。その人に会わせていただいたのですが、彼の言うコモンセンスとは、本書で何度も繰り返している、**「経営者の観点からして、どうするか？」を考えること**でした。

「リストラ宣告人なんてバカげた心配だ」と笑い飛ばしていただける読者であれば、一向に問題ありません。そんなバカな、と思っていただける人であれば、この4ページ分は申し訳ないですが、お笑いネタとしてすませてください。あなたは、出世する人に必要な一部の要素を備えています。ただ、これをあえて書くのは、**実際はコモンセンスに思い至らず、ありえないことを心配する人たちがけっこう多いから**です。

『ハゲタカ』はご覧になられたでしょうか？　私が思うにあのドラマは、自分が働いている会社の買収を恐れる社員というよりも、無能な経営者への警告です。宇崎竜童さん演じる旅館の経営者が、銀行融資を止められたため、大森南朋さん扮するハゲタカファンドに買収され「１００年続いたこの旅館を、お前たちは資本の論理で無茶苦茶にするのか！」と取り乱すくだりがありました。

ファンド側は穏やかに「経営に失敗したあなたが、その責任をとるのは当たり前です」というような感じのことを言っていました。私がファンド側であれば「あなたみたいに過去の伝統にとらわれて時代に適応できない無能な経営者が旅館をやっているよりも、もっと優れた人間が経営したほうが利益も出て、銀行にも迷惑をかけず、従業員も幸せでみんなが喜ぶ。100年やってきたということに、いったい何の価値があるのですか?」とはっきり言うでしょう。

大森南朋さんのセリフはさておき、『ハゲタカ』のようなドラマでも、過度に社員が恐怖心をもってしまうのは、コモンセンスをしっかりと認識していないからです。ダメな経営者と長く付き合うのは致命的です。**経営者に能力があるかどうかの見極めは重要**ですが、自分は**恐れるのではなく、いざというときの準備をすべき**なのです。

また、ジョージ・クルーニーの映画のようなことが起こりえないのは、経営者の立場になって考えれば容易にわかります。企業にとってレピュテーション・リスク(会社の評判が落ちるリスク)など、マイナスが大きいからです。

本書で繰り返している、経営者の視点を思い出してください。できるサラリーマン、**要領よく出世する人たちはつねにこの経営者の視点、つまりコモンセンスで考えているので、バイアスのかかった無用な恐怖から解放されている**のです。

15の考え方
9

劣等感も優越感ももっていない

優越感は時として、努力の源泉になるというよい側面があります。優越感をもっているから、自信をもって堂々と働けるのです。しかし一方で、悪い側面もあります。勘違いの優越感とでも言いましょうか、**優越感は時として、成功の大きな障害となります。**

勘違いの優越感の典型は、学歴です。大学ではなく、出身高校を自慢する人すらいます。ある人は、「大学は後天的なものだが、高校は先天的な頭のよさを表している」と言っていました。

百歩譲って先天的に頭がいいとしても、ビジネスの世界では「それがどうした?」です。学歴は、就活のときには「勉強ができる→理解力が高く業務の処理能力も高い→仕事ができる」という前提で、企業に対して一定のパフォーマンスを期待させるシグナルとしての効果はあります。しかしビジネスでは、たとえばコミュニケーション力など、**学校の勉強とは関係のない要素が重要なことも多い**のです。

一方で、**不必要な劣等感をもっている人も散見されます。**今のビジネス世界は、大変化の時代、いつからでも巻き返しが利くのですから、**過去の失敗や不出来にいちいち引きずられて、劣等感なんかに悩む必要はまったくない**のです。

私の友人で「学歴の成り上がり」の人がいました。彼は、中学校時代は環境が不遇で、高校は何とか卒業したものの、いい仕事につけずにいました。その後、一作業員としてある外資系企業に入ったのですが、周りの学歴の高さに圧倒されたそうです。しかし彼は、**不必要な劣等感をもつことはなく、素直に、ビジネスの勉強の大切さを認識しました。**まず放送大学を受講し、大卒の学位を取得。その後、英検1級、中小企業診断士と資格をとり、ついに日本の大学でMBAを取得したのです。傍から見ていて彼のすごいところは、苦手な勉強を必死でやること以上に、**仕事面では非常に謙虚で、同僚や上司に好かれ、情報を共有してもらっていた点**です。その後、彼はその会社でディレクターとして働いています。素晴らしいサクセスストーリーです。

要領よく出世する人は彼のように、不必要な劣等感などもたずに努力を続けます。日本も今では、社会人になってから学べる環境が整い、企業も社会人になってからの努力を評価するようになってきています。さらに重要なのは、**彼がMBAという学歴を手にした後も勘違いの優越感をもつことなく、会社では周りのサポートを受けて成長していったこと**です。これはまさしく、謙虚さを忘れなかったからこそ得られたものでしょう。

ところが、現実では、謙虚さを忘れた**「勘違いの優越感」**を持った人が多くいます。リーダーシップ研修などで、部下といかに接するかという話をしていると、多くの管理職の方が「傾聴が必要だ。部下の立場を理解し、話を聞かなければならない」と言います。一方で「いけないとわかっているのに、ついつい怒鳴ってしまう……」という声も非常に多いのです。読者の中で、管理職の方は同感なところがあるのではないでしょうか？　怒鳴るのはよくないとわかっているのに、なぜ、怒鳴ってしまうのでしょうか？

理由を聞いてみると「部下に期待している。成長を望むから」などと言うのですが、突っ込んで聞くと「ちゃんとしてもらわないと部門が困る、自分が困る」「部下はダメだと決め付けているのかも」「自分はできたという自負がある」などという本音が出てきます。そのうち、**「心の底では、部下に自慢しようとしている自分がいるのかも……」**という人もいます。**謙虚とは真逆ですが、自慢するのはまさしく人の性《さが》**でもあります。

人は自慢したいものです。管理職になるということは、それなりの成功体験もあるはずですから。「第2章13　成功したときこそ反省している」で説明したように、成功体験を反省するのは、容易ではありません。成功体験と優越感により、いけないとわかっていながら怒鳴ってしまう。しかし、リーダーシップ研修で学ぶことは、まさしくその**成功体験や優越感を抑えることであり、要領よく出世する人たちはこれをしっかりできています。**

シラーという18世紀のドイツの詩人の言葉に「大いなる精神は静に忍耐する」というものがあります。「優越感は両刃の剣」という自戒をたまに聞きますが、それでは甘いでしょう。**「優越感は成功にとって最大の敵」と考えておくくらいでちょうどいい**のかもしれません。**優越感は、成功体験を反省できなくさせる魔物**なのです。

本書で何度も説明していますが、時代の変化は凄まじいものです。**優越感は、たかだか過去の栄光によるもの。そんな過去にすがっていては、取り残されるしかない**のです。

15の考え方
10

若い世代といかに「協働」するかを考えている

管理職の方々と話していると「近頃の若者はダメだ。ゆとり世代は使えない」など、若い部下を非難する言葉がよく聞かれます。嬉しそうに話をしている人もいます。ダメな部下をもちながら仕事をうまく回していると、自分の能力の高さを自慢しているようです。

「近頃の若者はダメだ」という言葉は、ピラミッドの壁画にも書いてあるらしく、ソクラテスの時代から「若者がこんなだと人類は滅ぶ」と言われていたようです。以前、大卒入社5年目の27歳の社員が「近頃の若い人は……」と言っていました。さらにおかしかったのは、先日、電車の中で高校生らしき女の子が「近頃の1年生は……」と。要するに、数千年来の戯言なわけです。そんなに若い世代がダメなら、どうして今のような文明が栄えたのでしょうか？

要領よく出世する人は、若い人の批判なんかせず、いかに協働して、若い人の力を引き出すかを考えています。

鉄鋼会社から広告代理店に転職した友人がいました。重厚長大型の保守的な業界から、クリエイティブの世界へというすごい転身なので、「2つの業界での仕事の、共通点は何か?」と聞いたのですが、彼曰く「共通点は、**自分より若い世代の能力をいかに頂戴するかだ**」ということです。「若い世代は、自分の知らない世界を知っている。だからありがたい」と。たしかに、さまざまな考えが交錯してこそ創造性が生まれます。

しかし、広告代理店ならアイデア重視なのもうなずけるのですが、鉄鋼会社でも同じなのでしょうか。そう聞くと、彼は「もちろん広告代理店ほどクリエイティブは重視されていない。しかし、若者の力は違う形で重要」と返してきました。詳しく聞きますと、クライアントは多くの場合、若者への不満をもっている、だから自社の若い社員がしっかりしていると信頼を得やすいということです。

それは逆説で「つまり、若い人がしっかりしていないのではないか?」と聞くと、「若い人は自分より経験が少なく、頼りないのは当たり前。自分は管理職だし、仕事ができて当たり前。そんなわかり切ったことを言う必要はない。仮に、**百歩譲って、ゆとり世代と言われるように彼らの能力がその前の世代より劣っているとしても、彼らを使わなければな**

らないのはどこの会社も同じ。若い世代をうまく活用できた会社が勝つ。自分の会社にだけゆとり世代が入社しているわけではないので、ここが差別化のポイントだ」。

これは、大変重要な考え方です。鉄鋼会社の商品はもちろん鉄ですが、**顧客に対する若い社員の立派な振る舞いは、堅い会社にとっては大きなアドバンテージになる**わけです。

彼は鉄鋼会社で広報の仕事をした後、広告代理店に転職したのですが、彼を慕った部下もその後転職し、2人とも出世しています。

その彼に「若い人は能力云々よりも、責任感がなく、すぐ逃げる」という批判があるが、どう考えるかと聞いてみました。彼は「それは根拠がない。ゆとり世代のアスリートがどれだけ自分を追い込んでいるか。昔のアスリートより土壇場での力の発揮がすごくて、実際いい成績を収めているじゃないか。我々の世代も『新人類』と呼ばれたが、そんなふうに若い人たちをバカにした態度で接していると、彼らは気分よく働いてくれない。そもそも若者を育てたのは誰なのか。天に向かって唾を吐くようなものだ」と喝破していました。

もちろん彼も、若い世代に不満はあるでしょう。しかし、**イライラしながらも多様性を許容できる人が出世する**のです。**要領よく出世する人は、若い世代をコケにするようなことはせず、むしろ若い世代のよさを認め、自分がもっていないものを探す努力をしていま**

す。第2章で書いたように、**上司はあなたが思うほどバカではありません**し、逆に**部下はあなたが思うほどバカではない**のです。繰り返しますが、若い世代を活用すべきなのはどの企業も同じ。だから、うまく活用できた会社が勝つという、シンプルな話です。

ビジネススクールで講義をしていると「いや、それでも部下のレベルが低くて困る。リーダーシップ研修で学んだことを駆使しても今の若い部下はうまく使えない」と不平をもらす管理職の方がいます。そういう方には、部下世代の受講生の声を聴いてもらうことにしています。なんと部下世代の人たちは、「このスクールを上司に受けさせたい。上司はリーダーシップの基礎を理解していない」と言うのです。

要するに、管理職の多くは、実のところよきリーダーシップを発揮できていないのです。**要領よく出世する人はつねに謙虚に部下の声に耳を傾け、またその多様性から来る驚きを取り込もうとしています。**ある優秀な管理職の方がおっしゃっていました。**「部下を活用してこそ、自分の業績が上がる。部下は私の雇用を守ってくれる人たちだ」**と。ここまでになると悟りの域になりますが、このくらいの謙虚さが必要なのかもしれません。

最後に、アメリカの鉄鋼王、アンドリュー・カーネギーの墓石に刻まれた名言をご紹介します。**「自分より賢き者を近づける術知りたる者、ここに眠る」**。

15の考え方
11

会社が「社員を大切にする」と言う理由を知っている

「社員を大切にする会社……」といった経営哲学を謳う本が売れています。ある本には「大切にすべき優先順位は、まず社員とその家族、次に取引業者、地域社会、そして顧客で、最後に株主だ」と書いてありました。社員がまず満足してこそ、顧客によいサービスを提供できる。次に、取引業者や地域社会も重要で、彼らの満足した働きが顧客サービスにつながり、利益を生み、最後に株主も潤う。過度の株主重視は間違いだ、という論法です。

こういった経営哲学に感動を覚える人は、出世する人になるのは難しいでしょう。**要領よく出世する人は、なぜ会社が「社員を大切にする」と謳うのか、本音を見抜いて行動しています。**

まず最近の書籍が言う「社員を大切にしない会社」は、どんなことをしているのかを見てみましょう。教育投資をしない、時間外労働が多い、強引なリストラをする、などでしょうか。ブラック企業は論外ですが、法律すれすれのところもあります。こういう施策は、人件費コストを下げる側面では効果があっても、デメリットも多いのです。社員のモチベーションは下がり、企業の評判が悪くなり、いい人材が集まらなくなる。さらに、時間外労働などが過多になると、法的には訴訟リスクも高まります。

一方で「高い給料を払い、教育投資もし、人員計画にも余裕をもって人を配置する会社」であれば、社員はモチベーションを高めるかもしれませんが、人件費コストは大きくなり、経営を圧迫します。

つまり経営者は、社員のモチベーションとコストのちょうどいいバランスで、社員を大切にしているのです。**要するに、メリットとデメリットを天秤にかけた「費用対効果」の域を出ていないのです。行きすぎて社員を大切にしても、行きすぎて社員をひどく扱ってもいけないというだけの話**です。「過ぎたるは及ばざるがごとし」です。

こう書くと、ドライな考え方と言われるかもしれませんが、皆さんも企業の株式を購入する立場になったら、きっと同じように考えるかと思います。株式投資をするとして、社員を過度に粗末に扱う会社、社員を過度に大切にする会社、あるいは費用対効果のバランスよく社員を処遇する会社の、どの株式を買うでしょうか？　答えは明らかでしょう。

「経営哲学」だのと偉そうに書く著者も、**実は行きすぎたリストラはダメといった、費用対効果の話をしているだけ**なのです。「哲学」などと風呂敷を広げると「損をしてでも正しいことをする」みたいなイメージが出てきますが、これは大きな誤謬です。

どうしても経営哲学という、利害を超えた感を醸し出す言葉を使い、社員を大切にするとおっしゃるなら、経営者は、自分の給料を限りなくゼロに近づけて社員に分配すればいいのです。利益全部を社員に分配すればいいのです。なぜそうしないのか？　答えは簡単です。経営者も経済的に満足したいし、会社も続けたいからです。もっともなことですが、であれば経営哲学などという言葉は使うべきではありません。**費用対効果よろしく社員を大切にする、と言うべき**です。

余談ですが、「社員を大切にする」というような誤謬は、いたるところにあります。

私事で恐縮ですが、亡父はある大手電機メーカーの下請けの仕事を請け負う会社を経営していました。あるとき予定していた仕事をもらえなかったとのこと。理由は、そのメーカーの某工場でリストラがうまく進まなかったので、社員を遊ばせるわけにもいかず、コストは高くてもその工場で仕事せざるをえなかったのです。そのメーカーの労働組合は「雇用維持」という勝利を謳いましたが、一方で、人件費コストが半分にもかかわらず、父の会社では雇用が失われました。中小企業など、弱い立場の労働者がシワ寄せを食う「産業の二重構造」です。これはまさしく、現代の派遣社員が正社員の雇用の調整弁である、というのと同じ構造です。

要領よく出世する人たちは、この仕組みをよく理解しています。つまり**「人を大切にするというのは費用対効果の域を出ない」ということを理解し、会社との距離をしっかりと置いています**。会社に依存せず、自分のお金で自己投資もしています。

もちろん、会社が社員を大切にしてくれるのはありがたいのですが、重要なのは「どのように大切にするか」です。この点については、次の「第3章12『社員を大切にする』やり方を分析している」で考えてみましょう。

「社員を大切にする」やり方を分析している

「社員を大切にする」というのは哲学論ではなく、費用対効果の議論であると書きました。企業が競争社会にいる以上、それはやむをえません。しかしながら、社員を大切にする方法はさまざまあるので、会社がどう社員を大切にしているかの見極めが必要です。**要領よく出世する人たちは、自社の「社員を大切にする」やり方が自分に合っているかどうかを、しっかりと見極めています。**

ある大手電機メーカーの関連子会社に新卒で就職した友人がいました。彼はクライアントの意向に沿ったシステムを構築する、ＳＩ部門の営業になりました。最初は営業見習いから始めたのですが、その会社は営業とシステム構築の基礎をしっかりと教育してくれる会社だったようです。大企業の子会社ということもあって雇用も安定し、また30代半ばになれば40％ほどは管理職になれそうだった、とのことです。しかしいかんせん子会社なので、親会社からの出向者が上級管理職を占めていたようです。一線の管理職になっても次のステップが見えないと考え、30歳のときに外資系のIT企業に転職しました。

新天地では、前職で学んだスキルを活かして営業成績を上げ、昇給も重ね、短期間で管理職になりました。そこでは非常に高い給与を得たそうですが、一方、米国本社の意向で方針が大きく振れるため、雇用は極めて不安定とのこと。さらに上層部は保身に走るだけで、そのレベルに納得できなかったようです。

そこで、将来に向けて安定したマネジメントを学びたいと、日本の大手のシステム会社に転職しました。そこは安定志向の人が多かったため、彼のようなアグレッシブな環境に育った人を欲していたらしく、その中で新規開拓の部門長に出世していきました。

つまり彼は、**技術的なことを学ぶ時期、稼ぐ時期、マネジメントになる時期、それをさらに高める時期、というように、環境を選んでいった**わけです。それぞれの会社としては、新卒を大事に育てる、成果によってお金を払う、マネジメントスキルを高めさせるなど、それぞれに社員を大切にするやり方があったわけですが、彼はその中で**自分に必要なものを見極めていった**のです。

この話をすると、「転職も視野に入れた準備をできる、強者の論理だ」と言う方がいます。一般に社員を大切にするというと「雇用を守る」というイメージが先に立ちますが、しかし、**雇用維持を唱え「社員を大切にする会社」というのは、実は社員を大切にしていない**ことが多いのです。

たとえば、終身雇用を強調する会社があります。たとえば、キヤノンは有名です。リーマンショックのころは、さすがに非正規社員を雇用の調整弁として解雇していましたが、正規社員の雇用は守ったようです。

ただ、この激変する社会で終身雇用を守り切ると保証できる会社はあるのでしょうか？終身雇用だと豪語して、本当に責任がとれるのでしょうか？　社員に忠誠心をもたせるのはいいのですが、社員の立場に立つと、反面、会社に依存してしまいがちで、転職力や他社で働くスキルを身につける意欲が衰え、いざというときの準備ができなくなります。非常に危険な状態です。

1990年代初め、日本ではまだリストラという言葉が一般的ではないころ、ある石油会社で早期退職を募り、割増退職金7000万円以上を提示された社員が、「そこまでして俺を辞めさせたいのか」と自殺したそうです。これは、**心の準備が雇用の流動化に適応**

できていなかったことによる悲劇です。雇用保障を声高に叫ぶというのは、こういう悲劇と背中合わせの関係にあるということなのです。**社員を大切にしていることになっていません。**

終身雇用だとリストラがないわけで、割増退職金もありません。そんな会社に働く不幸もありました。私の友人は、勤めていた会社で管理職を解かれたのですが、割増退職金がないので、経済的に辞めるに辞められませんでした。社内に居場所がなく、元部下に煙たがられ、次の仕事を社内で探す部屋に送られ、鬱になる寸前でとうとう自己都合退職してしまいました。皮肉って言えば、早期退職制度がないのをいいことにうまい具合いに自己都合退職に追い込み、安価に人材を入れ替えるという意味では、経営的には正しいことをしているのでしょう。しかし、**こんな終身雇用は、社員にとって幸せだとはとても言えません。**

その彼は、退職後は中小企業で元気に働いています。給料は前職の60%ほどになったようですが、「雇用が流動化している社会のほうが自由で面白い」「元の会社が終身雇用でなければ、割増退職金でもう少し、経済的に楽に辞められたのにな……」と、妙なため息をついているのが印象的でした。

ＣＳＲは競争戦略だと割り切っている

昨今ＣＳＲ（Corporate Social Responsibility：企業の社会的責任）という言葉をよく耳にします。企業は株主や社員だけでなく、地域社会などにも責任があるということです。以前私がいた会社では、社員のボランティア活動を推進し、年間８日間をボランティア活動に費やすという目標を設定していました。しかし、このＣＳＲも「社員を大切にする」という言葉と同じく、気をつけなければいけない言葉なのです。**要領よく出世する人たちは、ＣＳＲとは企業にとって「競争戦略」の一種だと割り切っています。**

ＮＨＫで『ハーバード白熱教室』という番組がありました。その特番で、日本の現役経営者が出演する『経営者白熱教室』というものがあり、マイケル・サンデル教授と、数名の日本の経営者が出演されていました。

番組では、東北の震災に対する企業の活動が取り上げられていました。あるメーカーの経営者は「わが社はいち早く福島の工場での操業を開始し、地域の雇用を守った」と言っていました。流通業界の経営者は「現地社員はよく動いてくれ、素早く商品を被災地に届け、生活の立て直しに協力した」とコメントされました。

これに対してサンデル教授は、「素晴らしいですね！　皆さんの会社は地域社会から高い評価を受けたことでしょう。ここで質問なのですが、費用対効果が合わない場合はどうしますか？」と質問しました。

質問の意図は、たとえば「道路が破壊され、物流コストが『企業の地域貢献という広報効果』をはるかに上回る場合でも、そのメーカーは福島で工場を再稼働させますか？」という意味です。流通業界の場合であれば「物流が破壊され、商品の提供が非常に困難になり、たとえば、ヘリコプター輸送が必要で、牛乳1本のコストが3000円になった場合でも、通常価格で店舗営業を続けますか？」ということです。サンデル教授の質問はここまで詳しく聞いていませんでしたが、質問の主旨はこのような内容になるでしょう。

先ほどのメーカーの経営者の返答は「当社は地域とともに発展することを是としている」というもので、流通業界の経営者の返答は「企業の価値を株価だけで測るのは間違っている。社会的価値というものもある」でした。どちらもサンデル教授の質問に答えていません。メーカーの方はまったく返答していないので論外ですが、流通業界の方は、恐らく次のことを言いたいのでしょう。「費用対効果を重視するというのは、株主を意識した株価重視のことである。株価は重要ではあるが、必ずしも企業の価値ではない。企業には社会的価値というものがある」。しかし、これもサンデル教授の質問への答えにはなっていません。そもそも、株価以外にどうやって企業価値を測るのかも言っていません。

サンデル教授がそれ以上質問しなかったのは、残念でした。次のような突っ込みがあればよかったのですが。「皆さんは私の質問に答えていません。私の質問は、**上場企業の経営者として、広報効果というメリットでは割に合わない費用を支出してでも、被災地でＣＳＲ活動を続けるのですか？**」

さて、この方々は経営者ですので、まさしく出世した人たちです。では、彼らのように「費用対効果を重視せず、株主重視でもない」という考えをもつのが出世の秘訣かというと、私の経験ではノーです。この経営者の方々はテレビの前ではさすがに**「ＣＳＲは費用対効果を重視して行います。企業が広報効果を超える費用をＣＳＲに注ぎ込めば、株主から訴訟されます」とは、わかってはいても答えられなかった**のだと思います。サンデル教授もそこをおもんぱかり、それ以上は質問しなかったのでしょう。

出席者の中で、お1人、鋭い回答をしていた人がいました。「企業が地域社会を助ける行動をとるのは緊急措置としては必要だが、長期的な支援は私企業がやるべきことではない。政治の責任である」と。おっしゃるとおりだと思います。そのために私たち個人も企業も、税金を払っているのですから。株主＝経営者の非上場企業なら、費用対効果の制約はないので、オーナーである経営者の好きなだけ支援すればいいでしょう。ただ社員としては、経営者の自己満足でお金を使うのはほどほどに、とは願うところでしょうが。

要領よく出世する人は、CSRを「経営哲学」といった費用対効果を超えた存在と考えず、「競争戦略だ」と割り切っています。だから企業の社会イベントへの参加も、賢く行います。冒頭で紹介した年間8日間のボランティア活動に参加していた優秀な社員は、**さりげなく会社のロゴつきの服を着ていました。**逆に、ここを理解していない人は、過度にボランティアにコミットして本業が滞ったり、「この忙しい時期に、なんでボランティアなんか……」と愚痴ったりするわけです。CSRは競争戦略だという認識が必要です。

15の考え方
14

「他人と同じ」をことさら嫌がっている

社会に出ると「当たり前」という既成概念、常識によく出くわします。他人と同じことをやっていれば間違いない、という考えです。以前「赤信号、みんなで渡れば怖くない」というギャグもありました。先が読めないご時世、みんなと同じで常識的かつ安定的に生きればいいではないか、という考えもあるでしょう。今は、公務員が新卒者の就職ランキングの上位に位置するほどの安定志向社会です。

一方で、**ビジネスで大成する人は凡人とは違います。**スティーブ・ジョブズなどはその典型でしょう。日本でも、本田宗一郎氏は若いころ、F1で世界一になると豪語し、変わり者扱いされていました。スティーブ・ジョブズや本田宗一郎まで行かずとも、**要領よく出世する人たちは、常識を疑い、人と違う言動をし、異端者とか変わり者と呼ばれるくらい「夢」を見ています。**

私のような凡人でも、若いころは、不安を抱きつつも、頑張れば何でも叶うと思うこともありました。音楽でもそういったものをよく聞きました。たとえば、尾崎豊や忌野清志郎のRCサクセションなどです。有名な彼らなので、読者の皆さんもご存知かと思います。私よりも詳しい人はいらっしゃるとは思いますが簡単に紹介させてください。

尾崎豊の「卒業」は、その歌詞に強烈なメッセージがあります。学校に馴染めない高校生が校舎の窓ガラスを割って回ったりするのですが、「先生　あなたは　かよわき大人の代弁者なのか♪」と問い、私たちは「この支配からの　卒業♪」をしていくのだと繰り返されます。しかし最後は「仕組まれた自由に　誰も気づかずに　あがいた日々も　終るこの支配からの　卒業　闘いからの　卒業♪」となるのです。つまり、卒業するということは「支配から卒業して自由になるものではなく、闘うことからさえ卒業して、仕組まれた自由に取り込まれ、先生たちのようなかよわき大人になることだ」ということです。

一方、忌野清志郎のRCサクセションの歌に「トランジスタ・ラジオ」というものがあります。高校生が授業をさぼって屋上でタバコを吸いながら、世界中から飛んでくる電波をキャッチして、音楽にしびれている様子を歌った曲です。「内ポケットにいつも　トランジスタ・ラジオ♪」と歌い上げます。内ポケットに入れたトランジスタ・ラジオは、自分の夢なのです。そして、最後の最後に「内ポケットにいつも『**今も**』トランジスタ・ラジオ♪」と入ります。この「今も」は歌詞カードには載っていないのですが、たしかに歌っています。「今も」ということは、「その夢は大人になった『今でも』もっているのだ」というメッセージなのでしょう。この歌詞に気づいたときは、私自身、震えがきました。双方とも作者に確認したわけではないのですが、彼らのその他の曲から推測すれば、間違った解釈ではないと思います。

要領よく出世している人たちを見ると、闘うことから卒業はしていません。闘うための第一歩は、**「常識を疑い、かよわき大人と同じことは容易にはしない」**ことです。容易にはしない、というのは、そのよし悪しをしっかりと吟味してから言動を始めるという意味です。むしろ慎重なのかもしれません。

ビジネスマンとして「常識を疑いつつ、夢をどの程度もって冒険的に生きるのか？」は重要な問いです。トランジスタ・ラジオをもっていない状態とは、「夢」もほぼなくなり、周りと同じことをしているということなのでしょう。**お膳立てされた当たり前を疑い、「本当に？」と問う必要がある**のではないかと思います。

現代では、常識に従い、周りと同じであれば、一定の安定はあるでしょう。しかし、**要領よく出世している人たちと話すと、「こぢんまりとした安定は手に入りやすいから、逆に少々危ないことをしても、大怪我はしない」と言います。**「今の世の中、いざとなっても、命をとられるわけじゃないのだ」と。死ぬか生きるかの、ゼロイチではありません。今は常識を疑い、ジャンプしやすい世の中にあるということです。

もういい歳だからとか言わず、今から何か勉強を始めるなど、小さなことから逆張りを試してみてはいかがでしょうか？

本書では、この「本当に？」と問い、「そもそも何か？」を考えるための視点をいたるところで紹介しています。たとえば、「社員を大切にする」や「CSR」に関するところです。これらの視点で、さらに自分の人生を見直してください。せっかく生まれてきたのだから、仕組まれた自由ではなく、**トランジスタ・ラジオをもち続けて自由を謳歌したい**ではないですか。

トランジスタ・ラジオをもち続けるにはどうすればいいかは、第4章で考えてみましょう。

15の考え方
15

会社はファシズムだと知っている

「ファシズム」という言葉は、普通は国家に使われます。国民に自由はなく、搾取されたり徴兵されたりと、権力者の思うまま。権力に歯止めを利かすべき憲法は無効化され、逆らう者は命が危ない独裁国家。太平洋戦争に突入した当時の日本も、そういう状況だったでしょう。

あえてこの言葉を使い、**「会社はファシズムだ」**と言うのは、社員は会社から給料をもらっている以上、トップが言ったことに逆らうことができないからです。もし逆らうなら、企業人としての生命は終わりです。もちろん日本は法治国家ですから、法律に違反するような不正に従うべきではなく、告発などの形で戦うべきでしょうが、結局、その会社にいることは難しくなります。体制が倒れても倒れなくても地獄、というのは、アラブの独裁国家が倒れた「アラブの春」以降に訪れた混乱や痛みを見ると、同様の景色が見えます。

要領よく出世する人は、企業の本質がこのようなファシズムであるとともに、そこには

エグジット・オプションがあることを理解し、会社と付き合っています。

会社にいると、思いどおりにならないことが多々あります。上司とウマが合わない、会社の方向性が変わり自分の強みが活かせない、評価基準が気に入らない、役職は定員制で昇進しにくい……。でも、給料をもらっている以上は逆らえず、粛々と役割を果たさなければなりません。そういう意味で、企業はまさしくファシズムです。ただ、国家のファシズムとは大きく異なり、**企業にはエグジット・オプションがある**のです。

簡単に言えば、どうしても嫌なら「辞める（エグジット）選択肢（オプション）がある」ということです。国の場合、命をかけないかぎり、出ていくことは無理です。戦中の日本や今の北朝鮮で、「こんな国は嫌だから出ていく」と言えるでしょうか？　国を出るのは命がけです。ここが現在の企業社会と大きく異なります。企業は上意に従わなければならない、まさにファシズムの世界だが、いざとなれば辞めることができる。そして、**辞めるか残るかの選択肢は、あなたが有している**のです。

父親が企業を営んでいた、「ボンボン」というあだ名の友人がいました。彼はあまりセコセコせず、学生時代から自由奔放で、父親の会社を継がず家族と揉めた末に上京し、サラリーマン生活を始めました。父親の会社は別の親族が経営し、彼は東京で会社を興して、事業としては成功しています。

その彼がよく言っていたことですが「自分はたしかにボンボンだが、アホなボンボンではない」「アホなボンボンは親に甘えて親の金を当てにする。自分は違う。親に感謝するとすれば、お金の苦労をせずに育ててくれたこと。世の中には大したことはない。苦労はしても命まではとられない。自分は社会の因習に過度にとらわれず自由に生きているよきボンボンで、だからこそ破れる殻もある」と。

この友人は、サラリーマン時代に上司から理不尽なことを言われると、ある程度は黙っていても、一線を超えたところはしっかりと反論し主張していました。この自己主張は**「保身に走らず正しい主張をする」という評価を得て、企業での出世につながった、**とのことです。それができたのは「会社というのはエグジット・オプションつきのファシズムだ」と認識していたからだと言うのです。

素晴らしい楽観主義です。そして、これはボンボン育ちの彼しかもてない考えではなく、誰でももてるものです。**要領よく出世する人は、楽観と緊張のバランスをとりながら生きています。**企業はファシズムだが、エグジット・オプションという素晴らしき選択権が自分にあるということを認識し、よき楽観に生きているのです。

「嫌なら悩まずとっとと辞めればいい」というわけではありません。本書全体でお話ししていますように、**「経営の視点に立って会社を見て、広い視野で自分の役割を認識し、開発すべき能力を身につけ、行動する」**必要があることに違いはありません。

また「第1章8　不本意な仕事にこそ力を入れている」でも書きましたが、自分に都合のいい仕事ばかりはできません。しかし、会社がどの程度、社員のことを考えているのかを見極め、不遇なときでもチャレンジし、仕事を楽しむことが重要だと言いました。ある意味、ダメな上司、反面教師もすべて勉強のネタなのです。

そしてどうしても、どうしてもダメなら辞められる、エグジットできるということなのです。重要なのは、**いざというときの準備をし、この余裕をもつこと**こそが、会社に人生を任せず、なおかついい仕事をして、会社の中で評価される秘訣だということです。

［第4章］

要領よく出世する人がプライベートで守っている4つの教え

日常でも「次」を予測し、効率的に動いている

これまで、経営の視点や効率を考えることの重要性を書いてきましたが、こうした能力を高めるのは、ビジネススクールなどでの特別な勉強だけでなく、**普段の行動やゲーム感覚の心がけで磨けるものも多い**のです。効率を磨く頭の体操のチャンスは、少しの努力を払えば、日常にいくらでもあるということです。

食品メーカーに勤め、改善提案を連発して出世している知人がいるのですが、その人は日々、街で起こることを見ながら改善策を考えているとのことです。

たとえば、スターバックスでの話です。彼はスターバックスのヘビーユーザーで、チャージしたカードをもっており、注文はいつもドリップコーヒーのショートサイズ。スターバックスでドリップコーヒーを注文したことのある方はわかると思いますが、その他の商品とは違い、品物はレジで直接受け取れます。多くの店員さんは、コーヒーを用意し

てからカードをレジに通し、出てきた伝票をカードとともに顧客である彼に返すそうです。そのとき、彼はコーヒーとカードと伝票を一度に受け取ることになり、両手が塞がり、非常に煩雑だと言っていました。

そんな中、ある店員さんはカードを先にレジに通し、1秒ほどで出てくる伝票とカードをいったん顧客に返し、その後コーヒーを入れて彼に渡すそうです。そうすれば、コーヒーを入れている間に、カードと伝票は財布にしまえるので、彼はコーヒーを受け取ったらすぐにレジから離れることができ、レジの混雑も解消する、というわけです。

これは**相手や店の混雑度合いという全体の状況を読み、どのようなタイミングで何をどう渡せば相手は喜ぶのかを考えるべき**だということです。手がふさがる顧客には、全部をいっぺんに渡すよりも分けて渡すほうが効率的なのです。

日常の細かいことですが、このようなオペレーション改善を考える訓練の機会は、周りを見渡せばいくらでもあります。たとえば、駅で切符を買うときや買い物をしてレジでお金を払うとき、自分の順番になる前にお金を用意しておく。駅で壁に掲示してある地図を見るとき、近寄りすぎると他の人の邪魔になるので適度な距離を置く。道を歩くとき、信号の変化を察知しながらなるべく時間ロスの少ないルートを選ぶ……。

これらはすべて、状況を俯瞰して把握するよい訓練になります。もちろん、いつもこんなことをやる必要はありません。デート中は信号で止まろうがどうでもいいので、そんなことにこだわらなくてもいいでしょう。今日からさっそく、道の歩き方を変えろと言っているのではなく、**こういう機会が他にないかを探して考えることが訓練になる**と言いたいのです。事例を探そうとすると、いろいろと気づきがあり、能力も高まるでしょう。

では、どのようにすれば日常の機会を得られやすいのでしょうか?

ジル・ドゥルーズというフランスの哲学者が「人間は自ら考えようとして考えるのではなく、考えさせられる状況になってから考えるのだ」と言っています。たとえば、普段の通勤路で工事が始まり、ビルが急に壊されたとします。ところが、毎日見ていたはずなのに、そこに建っていた建物を思い出せない。よくある話です。

日常生活では効率的に動くために、人間は、ルーティーンに対しては余計なエネルギーを使わず、あまり気にしないようにできています。ところが、ビルが壊されたという非日常が起きたときに、ようやく考える、つまり考えさせられるわけです。休日に会社と違うところに行こうとしているのに、ついつい通勤経路に行ってしまったりするのも、同じような現象でしょう。

つまり、人間は考えるためには、**自分を日常と異なる環境に置かなければならない**のです。であれば、考えるために、私たちは普段と違う環境を意図的に作る必要があります。「第2章19　違う環境に溶け込める能力を養っている」でも書きましたが、会社の中ではどうしても同じ思考パターンの人と一緒にいることになるので、異業種の方々と交わるのも1つの方法です。私の友人の中には、部屋の模様替えをよくする人、頻繁に通勤経路を変える人もいます。異業種交流会や勉強会などに出ると、違う帰宅経路になるので、定期券を買わない人もいました。

自らをつねに考える環境に置くように努め、スターバックスでコーヒーを買うときの店員さんの例のように問題意識をもって物事を見ようとすると、アイデアやチャンスをつかむための訓練になるということです。

4つの教え
2

生活水準を整え、余剰を投資している

昨今は先が読めない時代です。激変するビジネス環境に関しては、本書でも何度も取り上げてきました。ＪＡＬのような大企業でも倒産します。

リストラも頻繁に起こります。前述しましたが、電機メーカーなどでは能力がない人がリストラの憂き目に遭うのではなく、高い能力があっても会社がその事業を継続できなくなれば、売却や事業閉鎖でリストラ対象となるのです。要するに、現代社会は**一個人がコントロールできないリスクが非常に多い時代**なのです。よく言えばダイナミズムがあり、悪く言えば不安定なわけです。そのような環境の中で、**要領よく出世する人たちは、生活水準を整え、余剰を投資しています。**

まず、生活水準を整えるというのはどういうことでしょうか。これは、自分の労働市場での価値をしっかりと認識し、**もし転職したら給料が下がるようであれば、現在の給料と**

市場価値の差額は貯蓄に回す、ということです。転職して給料が上がるのであれば、転職するもよし、今の会社が好きでやりがいがあったり、将来の展望があったりすれば、そこに留まればいいのです。

生活水準を今の給料水準に合わせていると、リストラによる転職などで収入が減ったときに、生活できなくなります。生活水準を落とすのは至難の業ですので、勢い大きな貯蓄の切り崩しが必要になります。

一方、生活水準を転職した場合の市場価値に合わせておきさえすれば、転職を余儀なくされても、転職後、経済的に困ることはありません。転職期間の生活費は失業保険で賄えますし、早期退職制度であればその割増退職金はプラスαの蓄えになります。**会社に頼らずとも生活が安定するとなれば、仕事を守るために汲々とゴマをする必要もなく、会社の中で正しいことをしっかりと主張できます。まともな会社なら、そういう人のほうが出世できます。**

労働市場価値を測るのは、難しくはありません。人材紹介会社に登録すれば、コンサルタントが転職時のおおよその給料水準を教えてくれます。転職サイトなどで手軽に市場価値を計算してくれるものもあります。興味ある会社があれば、面接を受けてみるのもいいでしょう。面接というのは慣れも大きいので、いざというときのために練習しておくのはいいことです。

次に、余剰分の投資について説明します。これについては、できていない人が多いのが実情です。私たちはお金を手にすると、すぐに使ってしまいがちです。私の友人は、東京の23区内に住んでいながら300万円以上の車を購入し、7年間で2万キロしか走っていないとか……。あなた自身や周囲の人たちに、覚えはないでしょうか？　問題なのは、**ちょっとお金を手にするとすぐに消費に走ること**です。

前に紹介した「ボンボン」のお話です。30年ほど前は、今と違って自家用車はステイタスの1つでもあり、そのボンボンの彼も車好きだったのですが、彼は社会人になっても長い期間、自家用車を買いませんでした。聞いてみると、学生時代にお父様が購入してくれたのは高級車で、それより安い車などは買いたくない、とのことでした。

彼は、職住接近した場所に住み、異業種の人たちとの交流に時間をかけ、車を買うお金があれば自己投資に回すのだと言っていました。実際、せっせと勉強し、ついには自費で留学し、今は外資系大企業で役員を務めています。好きな自動車を購入しない理由が「お父さんへの対抗心」というのはどうかとは思いましたが、この自己投資は素晴らしいと思います。

要領よく出世する人は、自分に投資します。この投資は生きているかぎり毀損しない資源となります。1987年10月に起きたニューヨーク証券取引場の株価大暴落、ブラックマンデーの際、経済学の巨匠ポール・サミュエルソン教授は、「株価は落ちたが人々のもつ人的資本はそのままだから心配ない」と言ったそうです。自己投資によって身につけた能力は、自分がいなくなれば無価値となりますが、存在するかぎり役に立つ、**もっとも信頼できる投資**と言えるでしょう。

もちろん金銭的な蓄えも重要です。**要領よく出世する人たちはしっかりとした投資を行っています。**投資というと拝金主義的なイメージでとらえられがちですが、それが株式であれ債権であれ、それらの資金は企業や国、地方公共団体などの活動に使われ、社会的に価値を生み出す原資となるのです。企業を分析し、信頼できる企業の株式を購入して支えるのは、素晴らしいことではないでしょうか?

不透明で先が読めない社会こそ、**生活水準を市場価値に合わせて整え、蓄えや投資をしっかりとすべき**なのです。

4つの教え
3

1年は暮らせる蓄えをもっている

自分の労働市場での価値を把握し、生活をその範囲内で抑え、自分へ投資するとともに流動化資産をしっかりと保有しておくことは大切です。「第4章2　生活水準を整え、余剰を投資している」で書いたとおりです。激変するビジネス環境下でリスクに備えて安心して働くには、これらは必須です。

また、仕事をしていると、理不尽なことや社会的に許されない事態に直面する可能性もあります。どんな事態でも、つねに正しい判断を下し、正しくことをやり遂げたいものです。清濁併せ呑むというと、「濁」を呑む言い訳のように思われがちですが、私心を小さく、「清濁併せ呑みつつ清を呑む」姿勢が重要です。これを綺麗ごととしてすまさないための準備として、私は流動化資産を1年分はもっておくことをお勧めします。**要領よく出世し、いきいきと仕事をされている人は、短期的な保険として、流動資産の蓄えをもっています。**

知人で、会社の方針に対して毅然と意見する人物がいました。その彼は、全社的な目をもち、しっかりとした意見を言う人でした。優れた能力はあるわけです。しかし、正しいことを正しく伝えても、聞き入れられないことがあるのが実社会です。

彼はある会社の海外現地法人の幹部として働いており、現地企業と、製品販売のためのディーラーシップ契約を結ぶことになりました。本社の本部長の判断で、財務内容の悪い現地企業と契約しようとしていることを知った彼は、敢然と異論を出しました。その現地企業は、別事業で一部支払いが滞ったりしていたとのことです。本社の意向は、過去の付き合いがあるので、ある程度のリスクをとってもディーラーシップ契約しようということだったようですが、彼は、そのリスクは過去の付き合いや今後のビジネス拡大の可能性を軽く超えてしまうほど大きなものだという認識でした。

本社の本部長の周りの人たちは、本部長の意向に逆らえず、言うことを聞くままだったのですが、彼はその企業とディーラーシップ契約を結ぶべきではない、と強硬に主張したわけです。もちろん、データを揃えながら妥当性を説いたのですが、本部長としては面白くない話です。結局、彼の提案は本部長の上の専務の案件となり、専務判断で、彼の提案が受け入れられました。最後は、本部長の面子も保ちつつ話を片づけたとのことでした。

彼はその後、別の国の現地法人の社長に出世していきました。ひとつ間違うと左遷になりかねない危ない橋を彼は渡ったわけですが、その後、彼の話を聞いてなるほどと思ったのは**「僕には1年くらいは食べていけるお金の蓄えがあったので、正しいことが言えた」**というものでした。もちろん、上司に対してうまく異論を唱えることができる技術も重要ですが、最後のところでは、**正しいことを正しいと言える「勇気」が必要になります。十分な蓄えは、その勇気の根拠となる**のです。

「衣食足りて礼節を知る」という言葉があります。自分のことだけ考えればいい「失うものがない状態」から、家族という「守りたいもの」を手にすると、「衣食足りる」のハードルは上がります。だからといって、守るものができたため、信念を曲げておとなしく生きる、というのもつまらない話です。信念に従い、毅然とした態度を貫くにはどうすればいいのか。それこそ、自分の子どもに堂々と胸を張れる仕事をするには、どのような準備が必要か。難しくはありません。いざというときのために、守りたいものへの配慮をしっかりしておけばいいのです。つまり、家族に迷惑をかけない準備です。これが、ある程度の蓄えだというわけです。

このように書くと、「結局、正しいことを正しいと言える『勇気』すらも、お金の話なのか」と思われるかもしれません。しかし私は、**普通に家族をもち、それを守っていくという「大きな仕事」をしっかりと行うためには、大切な準備だ**と思っています。

生活水準を整え、自己投資してエンプロイヤビリティを高めることの必要性は前述しました。そして、流動化資産としての蓄えは、転職期間を考えると、私は**1年分の生活費くらいあれば十分**だと考えています（リクルートの2010年の調査では、多くの人は1年以内に転職先を決めています）。もし余裕があるなら、2年分もあればまず憂いはないでしょう。

このくらいのお金ならば、賃貸住宅に住めば住宅購入の頭金などは不要になるので、用意できるのではないでしょうか？　住宅ローンがすでにあるとしても、早期返済しなければ頑張って蓄えられる金額だと思います。**この余裕によって、正しいことを正しく主張できるようになるのです。そして、それが周囲の共感を呼び、出世に結びついていく**のです。

4つの教え
4

明快でないキャリアプランをもっている

見出しを読んで誤植かと思われた方もいらっしゃるかもしれませんが、**「明快でないキャリアプラン」**で間違いありません。

人的資源への投資の重要性については、本書で何度も書いてきました。能力への継続投資は毀損しません。家族に残すものとしては保険や貯蓄などがあるでしょうが、自分という人的資源に投資していれば、エンプロイヤビリティが高まり、仕事に困る確率も下がります。食いっぱぐれるリスクがなければ、結果的に家族の生活保障にもつながります。また、私たち現役世代は、年金も当てにならず、生涯現役で働くぐらいの心構えも必要です。

こういった環境の中でキャリアを発展させていかなければならないのですが、実は**要領よく出世する人は、「明快でないキャリアプラン」をもっている**のです。

では、どうして「明快でない」必要があるのでしょうか。流行りのキャリア開発セミナーなどでは、5年後、10年後、20年後の将来の自分を思い描いて、そのために何をすべきかを明快に考えなさい、と言われます。しかし、**一生涯働くためのキャリア設計というものが、本当に可能なのでしょうか？**

たとえば、今仮に40歳だとすると、あと30年近くは働く必要がある（ポジティブに言えば、働いて社会とつながっていける）のですが、そんな長期プランを本当に組めるのかということです。皆さんは30年前に、今の自分を想像できましたか？ 20年前に、今の日本や国際社会や経済を予想できましたか？ 10年前はどうでしょうか？ いや、5年前でも怪しいものです。

もちろん語学や仕事スキルの勉強に関しては、しっかりとプランを立てて学ぶ必要はありますが、キャリアプランについては、昨今の非連続な変化が頻繁に起こるこの世の中で、長期を見通すのは困難極まりないということです。むしろ**固定化したプランが時代に合わず、邪魔になるリスクのほうが高い**のです。私が社会人になったころは、文系で優秀な人は金融業界や商社に就職しましたが、彼らの中には会社が倒産してしまったり、存続していても、人員削減で冷や飯を食わされている人は大勢います。

また、無理にプランを立てるとなると不確定要素が多いため、勢い「会社を興して社長になる」とか「外国で暮らす」とかになるのです。そんな人に限って、「どんな業種の、どれくらいの規模の会社?」「どこの国でどんな暮らしをしたい?」と聞いても、答えられない人が多いのです。20年後は、その国は戦争をしているかもしれません。

では、どうすればいいのでしょうか? 私の知人で「人生は行き当たりばったり」と言いながら、日本の中堅企業で役員に昇進している人がいます。彼は、自分が「やりたいことは何か?」を短期、長期は問わずに、日々考えていました。計画したプランに基づいて行動もするのですが、代替案をつねにもっていて、頻繁に修正もする。5年、10年などと期限を意識してプランを組むのではなく、「留学するならどんな準備が必要か」「管理職になりたいので、そのためには何を勉強すべきか」「仕事でどんな成果を出すべきか」「転職すべきはどんなときか」といったことを考えていました。**期限に縛られた「明快なプラン」ではなく、そのとき必要なことを考え、実行した**とのことです。転職した会社が日本から撤退し、失職したこともあったようですが、そのときでも**「明快でなく」フレキシブルに計画しているので、状況に応じて対応できた**とのことです。

彼は、本書でも触れているように、異業種の人たちにつねにアンテナを張った人脈を作り、定期的に情報交換をしていました。違う世界の常識を見ることは、将来を考えるのによい刺激になります。さらに「第4章1　日常でも『次』を予測し、効率的に動いている」で書いたように、刺激のある毎日を送る工夫をし、読書などを通して、仕事だけでなく、哲学や政治などさまざまな勉強をしていました。つまり、彼はつねに**「本当に？」を念頭に置いて常識を疑いつつ、将来を模索していた**わけです。本書で全般的に書いてきたことです。

明快でないプランでも、彼は**「経営層に必要なスキルの体系的学習」**は欠かしませんでした。会計学、ファイナンス、経営戦略、マーケティング、そしてリーダーシップに関するもの。さらに、論理的な思考や表現力を高めるためのプレゼンテーションのスキルや英語などです。こういったスキルは、しっかりとものにしているからこそ、集めた情報を料理できるのだと言っていました。そのとおりだと思います。ぜひ、皆さんも**「明快な知識・スキル」**は勉強しつつも、**「明快でないプラン」**を考え、キャリアを輝かせてください。

おわりに

最後までお読みいただき、ありがとうございます。

日本のサラリーマンは、チームワークも素晴らしく、会社のことを考えて滅私奉公的に働く、という話をよく聞きます。反面、最近は日本のサラリーマンも経済合理性で考えて自己中心的になっていると言う人もいます。私は、**企業人は昔も今もそれなりに自己中心的**だと思います。

そもそも、経済合理性という見返り以上に会社のことを考えて働くというのは、どういうことなのでしょうか？ こういった人は、英語で言えば**チープ・レーバー**（Cheap Labor：安い労働力）ではないでしょうか。会社が苦しいときに社員がサービス残業をして助けるのは、会社に解雇されないとか、会社が業績を回復したときには十分な見返りをくれるということを期待しているからです。見合ったリターンがなければ、お人好しのチープ・レーバーに過ぎません。

右肩上がりの成長で雇用が守られ、会社の成功と社員の成功がほぼイコールだったころは、働く人にとって会社のために尽くすのが経済合理性にかなっていたというだけです。損得の範囲内で会社に尽くす、つまり自己中心なのです。今は世知辛くなり、**会社は社員の雇用を守りきれなくなった。だから依存するよりも自立するほうが、経済合理性が高い**ということなのです。

本書を手にしていただいた皆さんは、もちろんチープ・レーバーとは無縁で、会社に頼りすぎることなく、自由に生きたい、仕事をするなら楽しんでやりたい、と思われた方に違いありません。読者の皆さんには、本書で紹介させていただいた**「要領よく出世するための思考と習慣」**を、ぜひとも実践していただきたいと思います。

もちろん、この実践には、ビジネスに関する勉強などの自己投資や仕事での努力は必要ですし、リスクをとらなければならない場面もあるでしょう。しかし、**グローバルに動く現代の企業社会をしっかりと学んで認識し、とるべきリスクをとってこそ、楽しみながら**

仕事ができ、職業人生を謳歌することができるのです。**楽しんで仕事ができれば、その結果として出世という成功はついてきます。**

大隈重信の言葉に「学問は脳、仕事は腕、身を動かすは足である。しかし、いやしくも大成を期せんには、まずこれらすべてを統ぶる意志の大なる力がいる、これは勇気である」というものがあります。勉強には脳が必要、現場実務では腕も磨く、そして行動力も高めなければならない。しかしながら、**大成を期すには、それらすべてを統べる意志の大いなる力、すなわち「勇気」が必要だ**というわけです。

それはまさしく今風に言えば、「第3章14『他人と同じ』をことさら嫌がっている」で書いた、ＲＣサクセションの忌野清志郎の歌詞のように「内ポケットにトランジスタ・ラジオを入れ続ける」こと、つまり**夢をもち続ける「勇気」**ではないかと思います。

この「勇気」を手にするために、言い換えれば少しばかりのリスクをとるためにすべきことは、第4章で書かせていただきました。

西郷隆盛は「命もいらず、名もいらず、官位も金もいらぬ人は、始末に困るものなり。

この始末に困る人ならでは、艱難《かんなん》をともにして国家の大業は成しえられぬなり」と言いました。私たちのような凡人には、なかなか実践しがたい内容です。ここまでの「勇気」の境地には達せなくても、**「一矢報いる」**というか、**自分の信念にそぐわないことはしない、過度に会社に依存することなく自由に楽しみながら生きる、そのためのリスクはとる、そういう「勇気」くらいは、内ポケットに入れておきたい**と思います。

そして、昔の偉人ほどではないにせよ、私たちサラリーマンとしても、職業人生を終えるときには**「よくやった！　楽しかった！」**と思いたいということです。本書がそのための一助になれば、それに優る喜びはありません。

最後になりますが、本書でご紹介させていただいた方々、また、紙面の制約でご紹介はできませんでしたが、これまでお付き合いさせていただいた素晴らしい方々に心から感謝いたします。皆さまとの出会いこそが、私の人生の大きな糧であり、大切な宝物です。改めてお礼申し上げますとともに、皆さまのますますのご活躍を心よりお祈りいたします。

【著者紹介】

村上賀厚（むらかみ　のりあつ）

有限会社ノリ・コーポレーション代表取締役。グロービス経営大学院客員准教授として、人材マネジメントや組織行動・リーダーシップ分野を担当。

同志社大学商学部卒業、イェール大学経営大学院経営管理学修士（MPPM: Master in Public and Private Management、現MBA）取得。大阪市生まれ。

マーケティングエージェンシー2社で営業およびプランナーとして勤務後に、株式会社日本コンサルタント協会および住友ビジネスコンサルティング株式会社で人事コンサルティングを経験。

イェール大学経営大学院留学後は、フォード自動車（日本）株式会社（人事課長）、日本JDエドワーズ株式会社（人事部長）、日本モンサント株式会社（人事総務本部長）、ロイター・ジャパン株式会社（人事本部長）、GEコンシューマー・ファイナンス株式会社（人事本部ディレクター）など、世界の上場企業の日本法人で人事の責任者を務める。独立後はノリ・コーポレーション代表取締役として研修やコンサルティングを行うとともに、収益不動産の開発も手掛ける。

JASRAC 出 1501040-501

元・外資系人事部長が見た
要領よく出世する人

2015年3月12日発行

著　者――村上賀厚
発行者――山縣裕一郎
発行所――東洋経済新報社
〒103-8345　東京都中央区日本橋本石町 1-2-1
電話＝東洋経済コールセンター　03(5605)7021
http://toyokeizai.net/

装　丁…………萩原弦一郎、橋本雪（デジカル）
D T P…………アイランドコレクション
印　刷…………東港出版印刷
製　本…………積信堂
編集担当………桑原哲也

ISBN 978-4-492-53356-7